精神分析的心理療法を学ぶ
発達理論の観点から

PRIMER of PSYCHOTHERAPY : A developmental perspective
Gertrude Blanck

ガートルード・ブランク 著
馬場謙一 監訳　篠原道夫・岡元彩子 他訳

金剛出版

PRIMER OF PSYCHOTHERAPY : A Developmental Perspective
By Gertrude Blanck
Copyright ⓒ 2000 by Gertrude Blanck
Japanese translation rights arranged with Rowman & Littlefield Publishers, Inc.
through Japan UNI Agency, Inc., Tokyo

本書の原書初版は，アメリカ合衆国でジェイソン・アロンソン・インク
（アメリカ合衆国メリーランド州ランハム）から発行された。
本書は，同社から許諾を得て翻訳・出版されている。無断複写・複製・転載を禁ず。

ある詩人による対象恒常性の定義

真心同士の結婚に邪魔を入れてくれるな

変化されて変化するような

愛は愛でなくまた動かされて

動くような愛は愛でない。

変わらないことだ！　暴風雨に会っても

動揺しない堅固な目標が愛である

愛はさまよう舟を導く星である

その高さは測れるがその価値は計り難い。

愛は「時」の戯れ道化ではない

たとえ薔薇色の唇や頬は曲がった「時」の鎌で

刈り取られても愛は「時」の短い時間や週間で変わらない

だが最後の審判までもちこたえられるのだ。

　私の言ったことが誤りなら

　私は何も書かなかったしどんな人でも愛したりなどしなかった。

―― William Shakespeare, Sonnet 116
(西脇順三郎訳「ソネット詩集」
『シェークスピア全集8』，1967年，筑摩書房)

ルービン・ブランクを追悼して
彼のアイデアは生き続けている

はじめに

　本書は，精神分析的発達心理学を学ぶ人たちへの案内書として書かれたものであるが，さらに進んだ，洗練された考えに興味を持っている最近の読者も念頭に置いてある。そのためフロイトの基礎概念に解説を加えるとともに，最新の理論も紹介し，さらに，未発表の私見も加えてある。したがって初心者だけではなく，臨床経験を積んだ治療者や分析家にも十分役に立つものになったと思う。

　精神分析理論は，人間の精神病理についての一元的な理論だった（特に，フロイトの生きていた間は）。フロイトに賛同しなかったユング，アドラー，ホーナイなどの理論家は，精神分析家の群から離れ，自らの学派を作った。

　現在，事態はもっと複雑になっており，数多くの理論が生まれ続けている。しかも，フロイトなら拒絶しただろう多くの理論的革新も，今日のアメリカ精神分析学会と国際精神分析学会の傘下に入っている。**古典派**，**主流派**，最近では**正統派**とよばれるフロイト派からどの程度の距離にあるかは，ほとんど顧慮されていない。古典的な理論に加えて，対人関係論（interpersonal），間主観派（intersubjective），関係学派（relational），遠近法主義派（perspectivist），社会構成主義派（social constructionist）なども名乗りをあげている。

　新しい理論の中には，二者心理学（two-person psychology）と呼ばれているものもある。それは，患者と治療者の両方の心理がかかわりあって作用している，という考え方である。この考え方によれば，**主流派**の理論は，一者心理学（one-person psychology）と断定される。この術語は，分析家や治療者が患者とかかわらないことを意味している。このような形で仮想の敵が仕立て

上げられ，空白のスクリーンとしての分析家は批判された。そのため，私は当たり前のことを言わざるを得ない。つまり，面接室に二人の人間がいるとき，一者心理学は成立しない。もし成立するならば，分析家は個人心理を持たない，という馬鹿げた結論に至るだろう。本質的問題は，人数の差異ではなく，分析家の役割についての視点の差異である。主流派の分析家は，いわゆる二者分析家（two-person analyst）と同様に，相互作用へ参加している。ただし，逆転移の利用方法が異なっているのである。

　主流派の分析家は，聴き，考え，解釈するだけはでない。患者と共に感じ，同一化し，共感し，情緒的に触れ合う。現在では主流派の分析家は，ステレオタイプな空白のスクリーン（患者の情動から隔たった，感じることのない道具）ではない。分析家が自らの思考と情動をどのように使うかを中心に議論が展開している。分析家は自らの感情を吟味し，自分の中に注入されつつあるものについて考える。それは患者を理解するためであって，自分自身の感情と対抗反応（counterreactions）を押しつけるためではない。

　ここまで述べれば，私の立場はもう明らかだろう。私は，主流派に属する現代の分析家である。私は物理的に面接室に存在すると同時に，情緒的にも患者と共にあり，沈黙の中でさえ相互作用している。したがって，自分を一者心理学的分析家とは考えられない。沈黙は，それだけでは分析的美徳にならない。しかし，患者に分析家が侵害しない間を与えるためには，時として沈黙が必要になる。分析家は，沈黙から生じる不安や不快感，そして，暴き出したい欲求によって，その間を埋めたくなりがちなものである。私は，ステレオタイプの沈黙によくあるような情のない沈黙をしない。実際的には，よく話すが，いつも熟慮してから話をする。これは，試行作用としての思考（thought as trial action）に似ている。話す前に考えることは，何も感じないことと正反対である。それは患者と治療過程を尊重することである。私は，自分が話すことが患者の最大利益になるか否かを考える。いわゆる二者分析家は，自分もまた自己開示によって患者に最大の利益をもたらしている，と主張するかもしれない。しかし，私が話すことは，自己開示とはまったく違う。

私は，患者と「触れ合うこと」によって束の間ながらつながったと感じると，幸せな気分になる。それは，患者の語ることが引き金になって，患者と私の二人が同時に同じ情動を感じることである。私自身の人生経験は，患者の情動を理解し感じることを助けてくれる。しかし，そこに生まれる共振は，患者の人生の物語や情動から生じるものであり，私の中から生じたものではない。私の反応が，私の過去や現在の生活のどこから生じたのかを洩らしても，患者の利益にはならないだろう。

　本書の主眼は，最新の主流派の理論である。フロイト以降も，まさに今日ただ今まで理論形成は続けられており，将来も続くだろう。その意味では，本書の内容を**フロイト派**，**古典派**，**正統派**の理論と呼ぶのは，もはや妥当でない。むしろ，**精神分析的発達心理学**と呼んだ方がふさわしい。つまり，現代の諸理論を補った**主流派**の理論である。

　精神分析的発達心理学は，多くの理論が累積し，一つにまとまった理論である。特に子どもの早期の発達については児童観察派（child observationalists）から多くの知見を得ている（Emde, 1980, 1988a, b, 1999 ; Osofsky, 1979）[1]。しかし，彼らの研究以前に自我心理学者たちによるパイオニア的仕事があり，その基盤があったからこそ児童観察研究が可能になったともいえる。ハインツ・ハルトマンはフロイトを基礎として理論形成をしたし，ルネ・A・スピッツはフロイトとハルトマンを基礎としている。そして，ロバート・N・エムディは，現在もフロイトとハルトマンとスピッツを基礎として理論を新しくしている。基本の理論は，新しい情報による意味の拡張や，時代遅れとなった部分の削除などの変更を余儀なくされることもある。しかし，新しい情報が基本的な理論に取って代わることはない。新しい知見が蓄積するにつれて，今日よりも明日の理論は豊かになっていく。

　私は，フロイト以来の精神分析の流れを**主流派**と呼ぶのが好ましいと考えている。オハイオ川はミシシッピー川に流れ込み，主流に50％の水量を供給して大きくなり，質的にも異なった川を形作る。**古典派**あるいは**正統派**と呼ぶよりも，**主流派**という呼び名の方が理論形成の流れを上手に伝えるだろ

う。この言葉を用いれば，主流をさらに豊かにした流れ，主流から離れてみる影もなくなった流れ，すっかり枯れ上がってもはや歴史的な関心しか持たれない流れなどの支流を表せる。また，新しい提案を評価するためにも役に立つ。主流の水をひきながら，主流から離れていく流れも表せる。

　主流派へ流れ込み，もっとも重要な貢献をしているのは自我心理学である。それは，1940年代に構造論から派生したいくつかの理論の一つとして始まり，フロイト以後の理論構築に主要な貢献をなしてきた。現在では主流派と合流し，もはや独立した理論とはいえなくなっている。たとえば，以前ならば，論文執筆の際に**分離個体化**の概念に言及する際には，つねにマーラーら（1975）の名を上げる必要があった。ところが，現在では原典に触れることなくこの概念が使われる。これは執筆者の落ち度ではなく，自我心理学が確実に主流派と融合し，いかに主流派の流れを強めているかを示している。**精神分析的発達心理学**は，主流派の精神分析学である。フロイトの基礎的な理論に自我心理学が加わり，単なる寄せ集めを超えて溶け合い，より豊かな理論を形成している。

　1972年，私たちは，「構造論がもつ推進力は計り知れない。構造論の理論を生み出す巨大な潜在力がどこに向かうか，まったく想像できない。50年後であろうとも，構造論はさらなる未来へ向けて手を広げているだろう」と述べた（Blanck and Blanck, p668）[2]。その当時，この予言がここまで成就するとは思っていなかったのだが……。

　本書では，第一世代の自我心理学者（フロイト，ハルトマン，ジェイコブソン，スピッツ，マーラー）の見解について，構造の性質，精神分析的対象関係論，転移，診断などの点から概観する。また，理論と技法を明らかにするために事例を提示して，望ましい治療形態について提案する（この事例の場合，それは精神分析であった）。それから，プラグマティズムにも敬意を払う。すなわち，外的要因のために治療を切り詰めざるを得ない状況では，同じ事例をどのように扱えるかを示したい。可能なかぎり，患者と治療者のダイアローグを例示する。

最後に，1972年の予言が成就したことに勇気を得て，あえて理論構築の今後の方向性についても予言したい。

〈原　注〉
1. オショフスキー (1975) は，自我組織化についてのスピッツの概念を受け継ぎ，スピッツの提示した線に沿って乳児の発達を精緻化した。
2. ブランクとブランク (1972) は，発達について書かれた12冊の著作を検討し，互いに矛盾しない点の統合を試みた。スピッツとマーラーの研究が抜きんでおり，彼らの研究は，互いに補いあって，精神分析的発達心理学の統一に向けて，多くの貢献をなしていることが明確になった。

目　次

はじめに 5

第 1 章　芸術と科学 17
　　　　　それでは，精神分析をどのように証明できるだろうか？　では，どのように利用できるだろうか？　治療者の技とは，何だろうか？　潜在内容とは何だろうか？　言い方とタイミングの技　コミュニケーションとは何を意味するのか？　芸術としての治療　他の芸術とのアナロジー　新しい理論は，本当に存在するのだろうか？　今日，どの理論を利用するべきか？　精神分析的発達理論は，新しいだろうか？　構造論とは何か？　特定の理論家たちをなぜ選択したのか？　自我心理学のどこが新しいのだろうか？　精神分析的発達心理学は，どのように定義できるか？　自我心理学は，呼び誤りだろうか？　発達心理学は，理論をどのように拡張したのか？　一つの拡張例　人生早期についての知見　自我心理学の貢献

第 2 章　精神分析的発達心理学の歴史 29
　　　　　前精神分析時代　無意識とは何か？　初期の局所論　前意識とは何か？　解釈とは何か？　介入とは何か？　超自我とは何か？　葛藤理論とは何か？　不安とは何か？　防衛とは何か？　夢理論とは何か？　一次過程とは何か？　二次過程とは何か？　幼児性欲　リビドー論　二大欲動論　攻撃欲動　中間期の理論　事例　自我心理学の位置は，どこにあるか？

第 3 章　自我心理学への貢献者 41
　　　　　アンナ・フロイトの研究　ハインツ・ハルトマンの研究　エディス・ジェイコブソンの研究　児童観察　それらは仮定に過ぎないだろうか？　どうすれば，仮説が正しいか否かを判別できるだろうか？　ルネ・A・スピッツの研究　マーガレット・S・マーラーの研究

第 4 章　構造の性質 51
　　　　　構造はどのように形成されるのか？　情動とは何か？　内在化とは何か？　構造の定義とは何か？　これらの構造は，どこにあるのか？

構造の起源とは何か？ なぜ自我の起源が問題となるのか？ 構造は体験からどのようにして生じるのか？ 構造の概念は，どのように拡張されたか？ 構造の存在は証明できるだろうか？ 脳を変えることは可能だろうか？ 表象とは，構造なのだろうか？ この理論は，治療状況にとってどのような価値があるのか？ どのようにして治療者は，それを把握するのか？ 構造を変えることはできるだろうか？ 治療的差異とは何か？ それは，「革命的」な理論の主張ではないだろうか？ 機能の移転 どの程度の変化が期待できるだろうか？ どのようにしたら構造は変化するのか？ 構造の形成とは何か？

第 5 章　精神分析的対象関係論 ……………………………………………… 63
葛藤理論の拡張　対象関係（あるいは諸々の対象関係）とは何か？ 対象関係性でないのは，なぜだろうか？ 対象関係パターンは，どのように形成されるか？ この理論は，どのように活用できるだろうか？ どのように治療の助けとなるのか？ パターンの柔軟性 自己は，生まれたときから存在するのだろうか？ 治療における対象関係の役割とは何か？

第 6 章　転　移 ……………………………………………………………… 71
転移の定義 投影とは何か？ 置き換えとは何か？ 退行について 転移における構造の役割とは何か？ 不安の役割とは何か？ それでは何をするべきか？ 臨床例　何をしたのか？ 一者か？それとも二者か？ 逆転移は，どのように扱われるべきだろうか？

第 7 章　記述的発達診断 ……………………………………………………… 79
症状は診断を告げてくれるだろうか？ 症状は，どのように誤診を引き起こすか？ 患者は戻ってくるから，リラックスしなさい 発達診断　診断は一度限りのものか？それとも，永続的なものか？ 発達診断とは何か？ 分離とは何を意味するのか？ 何を探すべきか？ 発達的基準　エディプス葛藤は病気だろうか？ エディプス葛藤は解決できるだろうか？ 患者の発達は，全面的に立往生しているのか？ 転移から何が分かるだろうか？ どのように診断にとりかかるべきか？

第 8 章　治療の開始 …………………………………………………………… 87
患者の候補　不本意な候補者　不安による制約　早く踏みだそうとし過ぎる危険　それでは，どうすべきか？ 「送りつけられた」候補者 してはいけないことは，何だろうか？ 何が起きたのだろうか？ 治療者の不安　外側からの制約　スーパーヴィジョン その他の制約 自我親和的とは，何を意味するか？ よい風土　どのように治療を組み立てるか？ 治療同盟　抵抗

第 9 章　モデル事例 ·· 97
事例　成育史　なぜ彼の発達は不十分だったのか？　人見知り不安　叔母は親しい人物ではなかったのだろうか？　練習期　ジェンダー・アイデンティティ　適応　分離　個体化　防衛は構造を明らかにするか？　これらの防衛は，彼のために何をなしたか？　前エディプス的母親とは何か？　情動　怒り　発達的な診断所見　葛藤　不安　満杯のバケツ

第 10 章　事例の背景 ·· 107
他に何が推察できるか？　哺乳瓶を持たせることのどこが悪いのか？　このような仮説はどうしたら検証されるか？　母親がどのように感じているかを，彼はどうやって知ったのか？　どこに注目したらよいだろうか？　それほど早期に多くのことが決定されるとしたら，すべては無駄なのだろうか？　早期の損傷は，後の体験によって修復されるか？　基地への帰還　反応を引き出すことについて　どれくらいが過剰だろうか？　過剰にすることは，子どもの「甘やかし」になるか？　アベル氏は甘やかされていたのか？　一例を挙げると　アベル氏の母親は，十分に柔軟だったか？　合図の例　欲求の変化について　父親の役割　なぜ役割モデルではないのか？　その他に父親は何をするのか？　性が頭をもたげる　エディプス・コンプレックス　エディプス期以前に性は存在しているのだろうか？　アベル氏のエディプス状況は，どのようであったか？　アベル氏の治療はどこへ方向づけられるべきか？

第 11 章　少なければ少ないほど良いのか ······································· 119
職場での問題から着手するべきか？　猫の皮のはぎ方はいろいろある　症状を治療しないのはなぜか？　なぜすべてに関心をもつのか？　時間に制約がある場合は，何をなすべきだろうか？　6回のセッションの適切な滴とは何か？　6セッションでは，さらに何ができるか？　受動的–攻撃的な策略　受動性について　12セッションするとしたら？　20セッションあるなら，どうだろうか？　精神分析には及ばない治療も，先まで行けるだろうか？　精神分析が可能ならば，どうだろうか？　セッション頻度について

第 12 章　境界状態 ·· 127
定義　どうしたら見定められるか？　カーンバーグの貢献　診断　エディプス葛藤　すべての性的願望は，エディプス的だろうか？　前エディプス葛藤　防衛　境界例の防衛とは，どのようなものか？　精神分析か心理療法か？　治療目標　予後　臨床例　このような防衛をどのように解釈するか？　では，防衛をどうしたらうまく扱えるか？　治療計画　どうしたらそれが分かるのか？　治療の方向性　怒りに対して何をなすべきか？　頻度　現実はどうか？　経済上の現実はどうか？

第13章　一次予防 …… 141

よい適合とは，何か？　母親は，どのようにして子どもについて学ぶのか？　情動の役割　早期の危険　絆について述べているのか？　何が起きたのだろうか？　一次予防とは，何を意味しているのか？　例1　例2　例3　どうしたら予防できるか？　例4　例5　情動の嵐　保育所について　働く母親は何をするべきか？　いつから一次予防を始めるか？　子育てはどのように教えるべきか？　知的に過ぎないだろうか？　新しい職業　人は母性と父性を感じるようになれるか？　コーチは，どのように介入するか？　一次予防によって何が可能か？　どうしたら抑鬱的母親を援助できるか？　それは，心理療法ではないのか？　どこが違うのだろうか？　コーチは何を学ぶ必要があるか？　他の理論については考慮するべきか？　このような考え方は，ユートピア的だろうか？

第14章　3歳以後の人生 …… 157

エディプス・コンプレックス　それは，どのように見えるのか？　それは，どのように生じるのか？　神経症の中核的葛藤とは，どのようなものか？　対象関係の要因　接近とは，何を意味しているのか？　それは，どのように終わるのか？　それは，本当だろうか？　潜伏期　思春期　青年期　発達段階としての結婚　発達段階としての子育て

第15章　この先に何があるのだろうか？ …… 169

心と身体の分化　精神薬理学　どのような場合に薬物治療が必要だろうか？　精神薬理学の欠点　境界状態の薬物治療　不安について　強迫性障害　どのような立場をとるべきか？　限界　現在，われわれはどこにいるのだろうか？　神経心理学　答はどこにあるのだろうか？　未来

文　献 …… 177

監訳者あとがき …… 183

訳者あとがき …… 185

索　引 …… 191

精神分析的心理療法を学ぶ

——発達理論の観点から——

第1章

芸術と科学

　精神分析理論は科学である。しかし，科学哲学者の中には，精神分析は「自然」科学の基準，特に再現性と測定の基準を満たさないので科学ではない，と指摘する者もいる。確かに再現性がない点では，科学と認めない者にも一理ある。分析を受けた患者は変化するため，同じ分析を二度はできない。また，結果を評価するための正確な道具もない。分析を終えた患者が，後に再び分析を求めてくることもある。これは再分析（reanalysis）として紹介されることが多いが，その呼び方は誤りである。分析は追加できるだけである。

　しかし，再現性がないから科学でない，というのは不合理だろう。他の科学の中には，再現不可能な観察でありながら，科学として受け入れられているものもある。たとえば，天文学は宇宙で生じているために，実験室内では再現不可能な事象を扱っている。

それでは，精神分析をどのように証明できるだろうか？

　精神分析のデータは，二つの源泉から得られる。一つは，フロイトによる大人の治療の臨床経験であり，現在も妥当なものである。もう一つは，その後発展した児童観察から得られたデータである。今日では，カウチと児童観察の双方から恩恵を得ている。本書は，大人を対象とした臨床的研究を紹介する。また，児童観察によって得られた比較的新しい発達理論も解説する。

そして，二つを統合した新しい理論を提示して，科学であることを示したい。

では，どのように**利用できる**だろうか？

　精神分析理論は科学である。しかし，正統的な精神分析であるか，精神分析的心理療法であるかにかかわらず，治療状況への精神分析理論の応用は芸術である。

　芸術家の能力とは，一次過程に潜り込み，そこから回復する能力である。その際，一次過程の生の材料を用いて伝達可能なものが創造される。クリス（1952）は，この過程を（一次過程への）「自我の奉仕下の」退行（regression "in the service of the ego"）と記述した[1]。彼の意図は，この回復こそが芸術的創造の本質的な部分である，という点にある。芸術家は一次過程から生の材料を引き出して伝達可能なものを形作る。その結果として，芸術作品が生まれる。自我の奉仕下の回復を伴わない一次過程への退行は，絵画でいえばべたべた塗りたくっただけの絵に終わり，芸術作品にはならない。

　このことは，アントワープの王立美術館を訪れればよく分かる。そこにヴァン・ゴッホの後期の作品数点が収められている。年代を追って展示されている絵を見ていけば，ゴッホが徐々に精神を病んでいく様を目の当たりにできるだろう。ゴッホのもっとも後期の絵画は，見る人へ伝わるものを欠いた単なるベタ塗りの絵でしかない。

治療者の技とは，何だろうか？

　治療者が芸術家と思われることは少ない。むしろ，医師の臨床的技（アート）について話題になることの方が多い。腕のよい医者は，才能と知識を創造的に組み合わせて，目前の患者にユニークなかかわり方をする。精神分析や精神分析的心理療法でも同様である。分析家は，何を言語化し，どのような言葉を選び，いつ介入するかを決めるために，理論的知識を駆使しその適用を考え抜く。心理療法家と精神分析家は，しばしば第三の耳（the third ear）と呼ばれる特別に調律された耳をもつ。患者の言語化に対しては，顕在的に伝

えられてくるものだけを聴こうとするのではなく，その潜在内容にも耳を傾ける。また，自分自身（つまり，分析を受けた無意識）を利用して素材の深層に聴き入る。患者を一層よく理解するために，治療者は自分自身が分析を受けた経験から自分の中から湧いてきたもの（いわゆる逆転移）を利用する。

治療者は，素材を捏ね合わせて，いつどのように用いるかを考える。素材が治療の終結目標にどのように寄与するかまで考える。この過程は，治療者が自らの無意識に降り入り，職業的自我の奉仕下の退行から患者に役立つ知恵を摑んで戻ってくる過程である。そして，適切なタイミングで患者にそれを伝える。

潜在内容とは何だろうか？

患者はさまざまな話をする。その言葉には，顕在と潜在の両面の意味がある。普通の日常会話では，顕在内容（つまり本人が意識的に述べている事柄）だけを聴くものである。これはよいことであって，通常の人間関係では，言葉の底に潜む意味に耳を傾ける必要はない。むしろ，言葉の底に潜む意味まで聴いていたならば，どんな人間関係も混乱してしまうだろう。

しかし，治療状況では，患者が述べる言葉の底に潜む意味に注意深く耳を傾ける必要がある。この種の傾聴は，それ自体が技（アート）である。たとえば，患者が「ここにいたくないんです」と言った場合を考えてみよう。もし治療者が額面どおりに受け取れば，「それなら，なぜ来たのですか？」と言いかねない。このような問い返しは，患者を門前払いする過ちを犯すことになるだろう。治療者とは，「しかし，この人はここに来ている。彼自身の自由意思で来たのだ。この基本的な理解を，いつ，どのように使えれば，彼を助けられるだろうか？」と，胸のうちで考えるのが技である。

言い方とタイミングの技

上述の治療者が二点を吟味していることに注目してほしい。つまり，「どのように」と「いつ」，という点である。もちろん，「どのように」は何を言

うかということに関連している。これが，初心者を不必要に不安にさせる。介入が適切になされる限りは，治療者の言い回しの適切さは重要でない（このような治療は，おそらく他には存在しない）といえば，初心者は安堵するだろう。エレガントな言い回しであるか否かにかかわらず，患者に適切に語りかける治療者は，正しいことをしているのである。経験を重ねれば，エレガントになっていく。それも技の一部であるが，本質的な部分ではない。

　介入のタイミングも重要である。治療者はいつ介入を行うかを吟味しなければならない。おそらく言い回しよりもタイミングの方が重要であろう。適切なときとは，患者の言語化が前意識にまで及び，解釈可能なものとなったときである。

コミュニケーションとは何を意味するのか？

　コミュニケーションは，対象関係の一側面である（第5章を参照）。画家・作家・音楽家・俳優などの芸術家は，聴衆を意識しなければならない。治療者にとっては患者だけが聴衆である。しかし，治療者のコミュニケーションは，治療の進展にとってきわめて重要である。

芸術としての治療

　治療が芸術であるからといって，何でも許されるわけではない（芸術家にとっても，それは同様なのだが……）。守るべきルールがある。精神分析的心理療法には，理論に基づいたルールが決められている。確かに，自由な気風の者は，直感を過大評価して，理論を過少評価している。私は，ルールに沿った治療を勧めたい。格別に優れた音楽家や芸術家や分析家は，多少の危険を冒せる。しかし，その人たちでも，規則に従ってしっかりと訓練された後に危険を冒すのであって，ほとんどの人には無理である。自分自身が格別に優れた天才ではない，と認めるのは，自己愛を傷つけるかもしれない。それでもなお，ルールに則っていることが，患者にとっては最善なのである。

他の芸術とのアナロジー

　ある有名な音楽家が，ロマン派の時代は終わったと宣言するのを耳にしたことがある。しかし，現代音楽の発展にもかかわらず，今でもロマン派音楽どころかバロック音楽さえ愛聴されている。音楽学者達は，先行するすべての影響なしには，現代音楽が花開かなかったことを認めている。

　古い土台の上に花が咲くことは，「自然」科学でもいえるだろう。近代物理学はニュートンなしに発展できただろうか？　精神分析は科学性と芸術性をもつため，土台としての役割が大きい。精神分析の理論は臨床だけでなく，他の芸術にも浸透している。周知のとおり，精神分析理論を下敷きにした文学や劇が数多く生まれている。

新しい理論は，本当に存在するのだろうか？

　科学的好奇心によって，私たちは新しい理論の検討へと駆り立てられる。実際，必要に迫られて，新しく提案された理論は，細かく吟味され差異を見極められた。そして，精神分析における「新しい」理論は，実は新しくないというのが私の結論である。みんながフロイトの肩の上に乗っている。フロイトの思想のいくつかが放棄されねばならないのは事実である。その最たるものは，フロイトの女性心理学だろう。これは，まったく誤っているからである。しかし，フロイトの仕事のどこかにルーツを持たない孤立した理論は存在しない。たとえば，行動変容療法のルーツは，恐怖症患者は恐れていることに暴露されるべきだ，というフロイトの教えに依拠している。

　認知心理学，関係学派，対人関係論，自己心理学，英国対象関係論などの理論のルーツも，同じようにフロイトまで辿れる。特に対象関係は，早くも1902年ごろからフロイトの仕事の中に現れている。どんなに「新しい」対象関係理論も，明らかにフロイトから派生している。

今日，どの理論を利用するべきか？

　治療とは，理論から生まれた技を訓練された方法で適用することである。

それでは，どの理論を採用するべきだろうか？ 新しい理論の増加に従って，選択肢は増えていく。こうした理論には確かなものもあれば，一時的な流行で終るものもある。「新しい」理論の起源が古典的な精神分析理論にあるならば，それは精神分析の理論の一部とみるべきである。それは新理論でなく，フロイト思想の拡大と捉えるべきである。そして，有用な方向に拡大できるか否かを吟味し，評価するのが妥当だろう。

精神分析的発達理論は，新しいだろうか？

答えはノーである。そもそも新しいだけでは価値はない。精神分析的発達理論は，主要な理論を放棄することなく精神分析を拡大した。言い換えれば，自我心理学によって発達的視点が加えられたことによって，精神分析理論は豊かになった。発達理論は，大部分が既存の理論への増補であり，フロイトの構造論から踏み出した論理的な新しい一歩である。

構造論とは何か？

フロイトは，臨床経験を重ねるにつれて，精神分析理論にいくつかの修正を行なった。1923 年，『自我とイド』の中で，フロイトは自我の一部は無意識的であるという発見を述べた[2]。これが精神分析理論の形成に転機をもたらした。この論文において，フロイトは，三つの審級から構成される構造論を提唱する。心はもはや，自我とイドだけで構成されるのではなく，超自我も存在している。それまでの自我は意識と同じようなものと考えられてきたが，自我の一部を無意識的であるとみなした。

この発見は，理論形成上根本的かつ重大な転機となった。さらなる理論形成に向けて新しい道が開かれたのである。新しく見出された無意識的自我と超自我，その質や機能の探求に新しい世代の治療者たちの関心が集まった。

自我心理学の父として著名なハインツ・ハルトマンは構造論を取り入れた。そして，自我の意識的部分と無意識的部分に関する新しい考えを元にして，精神分析の研究対象を精神病理だけでなく正常心理にも拡張した。

自我心理学の主な第一世代は，ハルトマンとその同僚たちである。すなわち，エルンスト・クリス，ルドルフ・レーヴェンシュタイン，エディス・ジェイコブソン，ルネ・A・スピッツ，マーガレット・マーラーは，ここで議論している精神分析的発達心理学へと架橋した理論家たちである。

特定の理論家たちをなぜ選択したのか？

　彼らの発見には内的な一貫性がある。それらの発見を統合して，私たちは一つのまとまりのある理論に到達した（Blanck & Blanck, 1974）。その理論は，第二次世界大戦後の精神分析的思考において優位を占め，今日では現代理論の中に浸透している。

　最初の自我心理学者ばかりでなく，その後も多くの理論家が現れた。その中には，私が尊敬し，教育と臨床の場で役立てている人もいる。特に，ハンス・レーワルド（1980）は，精神分析の治療作用，自我の組織化，エディプス・コンプレックスの解消などについて論じている[3]。

自我心理学のどこが新しいのだろうか？

　自我心理学の新しさは，その方向性にある。自我心理学は，エディプス危機以前の人生の盛衰に関心を引き寄せた。それは，ハルトマンやその共同研究者たちによって自我機能が発見されたときから可能となった。フロイトが自我機能を研究しなかったために，それまでは認識されていなかったのである。彼は，神経症は中核的葛藤であるエディプス危機をめぐって生じる，と考えた。したがって，そこに分析的関心が求められた。これは現在も真実として支持されている。しかし，自我心理学によって，エディプス期以前にも人生が存在すること，早期の人生がどのようにエディプス葛藤の形成に影響を与えるかが理解されるようになり，さらに多くの知見が付け加えられてきた（Blank, G, 1984）。

精神分析的発達心理学は，どのように定義できるか？

　発達理論は十分明確に定義されていないので，人によって受け取り方が異なり，誤解の生じる余地がある。この理論の起源が自我心理学にあるために，誤った理解が広まっている。また，自我心理学とは自我機能の意識的展開の理論だろう，と信じている人が未だにいることも誤解の原因である。そのため私は，自我心理学の存在は，自我の一部は無意識的であるというフロイトの発見に依拠している点を繰り返し強調したい。

　発達理論は基本的には精神分析理論であり，これに自我心理学者の知見を加えたものである。そして，両者のいずれよりも広範な理論に発展した。重要な発見の一つは，以前は知られていなかった誕生後の最初の数日，数週間，数カ月，そして数年間の移り変わりを明らかにしたことである。これは，患者を深く理解する方法（つまり，患者の無意識の深み，発達の流れの深淵に沈んでいるものをさぐる方法）を治療者に提供した。精神分析的発達理論は，古典的な精神分析理論のもつ貴重な部分を保ったまま，自我心理学を吸収し，精神病理のみならず正常心理をも扱うまでに精神分析理論を拡大した。

自我心理学は，呼び誤りだろうか？

　自我心理学という名称は，実は適切とはいえない。たとえば，自己心理学のように独立した名称をつければ，それだけで独自の理論であるかのように誤解されやすいからである。自我心理学は孤立していないし，一個の完結した心理学ではない。繰り返し述べたように，主流派の理論の支流である。また，**自我心理学**（ego psychology）という術語は，理論形成の発展史の中での位置づけについても誤解を与えやすい。1923年のフロイトによる修正を考慮しないまま，フロイトの初期の自我についての考え方に固執して，自我心理学を意識の心理学と誤解している者がいないわけではない。したがって私は，自我心理学が実は下位理論であって，大きな全体的な理論の一部であることをより正確に反映するためには，**精神分析的発達心理学**（psychoanalytic developmental psychology）という名称の方が適切であると信じている。

発達心理学は，理論をどのように拡張したのか？

　フロイトの基礎理論の中には，すでに心理性的成熟の理論があった。その上に，前性器期の人生とその葛藤についての議論が重ねられた。発達理論は，前エディプス期の人生について考察を加えている。ここで前性器期と前エディプス期の二つの言葉を用いたが，両者は同じ発達の時期を意味している。欲動に関する視点から見た場合は前性器期とし，対象関係の特徴から見た場合は前エディプス期として，異なる使い方をしている。

一つの拡張例

　エディス・ジェイコブソン（1964）は心理性的成熟理論に発達的検討を加えた。彼女によれば，対象との相互作用で生じる自己体験は，性感帯の満足以上のものを含んでいる。たとえば，授乳には，ただ栄養を与える以上のものがある。乳を飲んでいる乳児は，母性的な触れ合い，抱っこ，母とのおしゃべりなどを体験している。発達とは，全体的な二者体験（total dyadic experience）の文脈の中で生じるのである。

人生早期についての知見

　発達学派（developmentalist）は，早期の人生のあり方がどのように人間の性格を形成し，対象関係パターンを定着させ，個々の発達の方向に影響を与えるかについて関心を寄せる。スピッツ（1959）は，ある段階で発達的道筋から逸れると，次の段階での発達が歪むことを示した。これらのパターンは，転移に反映される。実際，転移とは，過去から現在へ持ち込まれた自己と対象関係パターンが，繰り返されることである，と定義されている（第6章を参照）。転移に表れる行動・情動・態度は，忘れ去られた早期の人生の諸経験を明らかにする。早期の人生は，幼児健忘のために思い出せない。しかし，その頃の経験は，表象世界にある自己と対象の経験の貯蔵庫（決して失われることのない貯蔵庫）の奥深くにしまい込まれているため，忘れ去られることはない。それが転移の中に表れてくる，と考えられている。こう考えれば，

自我心理学の転移の定義は，以前よりも広くなる。自我心理学以前，転移の語は，抑圧されているが，転移の中で蘇ってくると想起可能となる感情と態度に限定して使われていた。

自我心理学の貢献

自我心理学は，治療者に理論を提供してくれた。その理論のおかげで，患者が今のあり方を身につけた原因と方法を理解できるようになった。かつての適応的状態が維持されているかもしれない。しかし，それはもはや不適応で不必要なことが示されるかもしれない。この理論は，精神分析過程を拡張した。そこでの患者と分析家は，神経症的葛藤だけでなく，患者の発達史のまさしく発端から探求する。初期の精神分析家にとっては，神経症的葛藤が唯一の関心事であった。

これは，理論が次々に積み上げられながら形成されていくことの好例である。もちろん，以前の理論がすべて保持されるべきというわけではない。発達についての知識が深まるにつれ，理論は再考され，無駄なものは省かれて，修正されるのは当然である。

〈原　注〉

1. 『芸術の精神分析的研究』（Kris, E., 1952）において，自我が働いている下で退行する能力が論じられている。この能力は，芸術家が一次過程へ退行する際に用いられる。芸術家はこの一次過程において，芸術的創造のための生の素材を見つける。この「自我の奉仕下の退行」から回復してきたとき，芸術家は伝達可能な形をなした創作物をものにしている。その作品は，もはや一次過程のものではなく，聴衆に伝わる何かを表象している。同じように，精神分析の患者も退行して，一次過程と接触する。そして，一次過程にあった課題を二次過程へ持ち帰る。こうしてそれらは，分析家に伝達可能なものとなる。クリスは，芸術家や被分析者が，どのように退行を創造的に利用してそこから立ち直るか，について論じている。
2. 『自我とエス』（1923）において，フロイトは構造論を提唱した。それは，理論構成の大きな変更の端緒となった。「自我の一部は，無意識的である」という結論は，臨床的発見から導き出された。今日の構造概念には，超自我が追加されて，三層構造をなしている。超自我とは，自我の一部が分化したものである。この研究は，

自我心理学の展開への分岐点となった。
3. 『精神分析論集』(1980) は，レーワルドの論文集である。その中でも際立っている論文は，精神分析の治療作用についての論文とエディプス・コンプレックスについての論文である。前者では，分析過程がどのように治療的変化を生じさせるかについて詳しく論じられている。後者では，親殺しの願望を扱い，その願望の減少をエディプス葛藤の「衰退 (waning)」によって明らかにした。

第2章

精神分析的発達心理学の歴史

　患者の診断と治療の際，発達学派は歴史的な道筋に注目する。目の前の患者がどのように映るかだけでなく，患者の今のあり方を作り上げた生活史についても関心を抱く。私も同じ姿勢をとって，発達理論の歴史の道を辿ることにする。発達理論がどのように生まれ，現在もなお妥当と考えられるのはどのような点だろうか？　そして，何が加えられ，何が捨てられたのだろうか？　それが分かれば，よりよく理論を理解できるようになるだろう。

　フロイトは発見途上の脆弱な新理論を守るために，弟子たちを父権的に統制した。今では，多元主義（pluralism）を主張する理論家もいる。彼らは，フロイトなら主流をなす精神分析機関の傘下に留まることを拒絶したような数多の理論も認め，何もかも包括する態度をとる。しかし，多様な集団の各々が必要とした一社会現象が，拡張されて科学にも影響を及ぼすようなことがあってよいのだろうか？　多元主義的な政治学や社会学はここでの議論の範囲を超えるが，政治的な正当性を理論に適用することについては，私は強い疑問を抱いている。

前精神分析時代

　フロイトが仕事を始めたのは，19世紀の終わりであった。その頃，彼は神経学者であった。フランスの有名な神経学者シャルコーに師事して，パリ

で研究した。その際，フロイトは，ヒステリー性麻痺の原因が，忘れられた（抑圧された）記憶（通常は性的な性質の記憶）であることを学んだ。そうした記憶を催眠を用いて想起させれば，麻痺は治ったようにみえた。彼はウィーンに戻り，パリで学んだことを実践し始める。患者たちは忘れ去っていた記憶を催眠下で想起した。そして，多くの場合，麻痺は劇的に治った[1]。

しかし，フロイトは催眠の欠点に間もなく気づいた。一つは，すべての患者が催眠にかかるわけではないことである。また，催眠にかかった患者でも，全員が記憶を想起するわけでもない。その上，多くのケースの治癒は一時的なものであった。麻痺は短期間だけ消退するものの，その後に，麻痺が再現したり，他の症状に置き換えられたりした。

いくつかの単純心理学が，一つの外傷的記憶の想起が一つの治癒をもたらす，と今でも主張しているのは興味深い。この誤りは，たとえ外傷的に作用しているにせよ，一つの記憶が一つの精神病理を作り出すわけではない，という点である。記憶は，積み重なって形作られる。前の出来事と後の出来事は折り畳まれ，組み合わされ，一つの記憶として織り上げられる（Kris, 1956a）[2]。そして，出来事が起こったとおりに正確に想起されることはほとんどない。しかも，誰かが出来事を裏づけたとしても，耳を傾けるべきところは，患者自身がどのように経験したかである。患者は，その人のもっている発達的パターン（すなわち，獲得された対象関係の水準，構造化の程度，情動状態）に則って経験を処理して語る。

フロイトは催眠を放棄し，患者の前額部に弱い圧力を加えることで記憶を賦活しようとした。しかし，これにも限界があった。その後まもなく自由連想法にいき着く。自由連想法では，患者は，何であれ心に浮かぶことを話すよう指示される。その際，思い浮んだことを評価したり論理的な脈絡を考えたりしてはならない。そうすれば，無意識にある事柄が前意識に上がってくるようになる。自由連想の始まったときが精神分析の本格的な始まりであった。

無意識とは何か？

　精神分析理論に不可欠な概念は，無意識が存在することである。無意識を認めない理論は精神分析的理論とはいえない。精神分析が生まれる以前の時代には，記憶とファンタジーは忘れ去られるものと考えられていた。意識されない状態があるということが，どこにこうした記憶と無意識的ファンタジーが「存在している」のかを教えてくれる。ここでは構成概念について論じているのであり，「　」（引用符号）は無意識の位置する身体的な場があるわけではないことを意味している。この概念は，分析家が自らの思索を組織化するための理論の構成要素の一部に過ぎない。

初期の局所論

　無意識を発見したフロイトは，意識と無意識からなる単純な局所論を導き出した。後には，前意識のアイディアが加えられ，より緻密になった。現在の局所論は，意識・前意識・無意識という三つの層を仮定している。

前意識とは何か？

　前意識とは，中間的な「場所」である。治療の過程で，無意識的記憶とファンタジーはここに誘い出される。無意識にあった素材は意識に近づいても，すぐには意識に至らない。この考えは，技法に重要な影響を与えた。素材が前意識にまで届いていると，解釈によって意識化されるのである。

解釈とは何か？

　解釈とは，前意識的な防衛機制について指摘することである。防衛機制の背後には，ファンタジーや願望がある。分析家はまず，素材を無意識に保っている防衛を扱う。その結果，素材が前意識に浮かび上がるのが可能となる。素材が前意識に上ってくると，分析家でも患者自身でも解釈できる。分離と独立を促進することは，現代精神分析の目標の一つであるから，患者が自分で解釈にたどりつける方が望ましい（Kris, 1956b）[3]。これは，自我心理学が

現代の臨床にもたらした寄与の一つである。解釈は，介入の一形態である。

介入とは何か？

　介入（intervention）とは包括的術語であり，この中には解釈も含まれる。この定義によって，分析家（あるいは治療者）が解釈以外のことを口にする余地ができる。つまり，質問すること，意見を言うこと，詳しい話を求めること，コメントすること，連想の流れを保つことなどである。したがって，分析家のすべての発言が解釈というわけではない。分析家の言葉はすべて解釈である，というような漠然とした定義の拡大は望ましくない。意味を限定した方が，治療者はより適切に機能できるはずである。

超自我とは何か？

　フロイトは，超自我は自我の一部が分化したものである，と定義した。自我はイドから生じ，超自我は自我から生じる，と考えた。自我と超自我が葛藤していない場合，この二つは一体となっている。

葛藤理論とは何か？

　精神分析理論は，そもそもの最初から葛藤理論であった。しかし，1923年以降，より洗練された。葛藤がある場合，二つの審級の充足のために妥協が生じる。その結果，症状形成に至る。症状は時には曖昧なこともあり，たとえば，強迫的行動は，正常な几帳面さと隣り合っている。

不安とは何か？

　フロイトは，はじめは不安を化学的に考えていた。不安は，毒素によって引き起こされる。その毒素は，リビドーが堰き止められるため（つまり，性的物質が解放されないため）に生じる。これは，フロイトの不安に関する第一理論と呼ばれている。

　構造論の導入後，フロイトは最初の不安理論を改めなくてはならなくなっ

た。三層構造の概念が問題を複雑にしたからである。第二の不安理論は，もはや毒素論ではない。葛藤の結果生まれる情動を不安と見なしている。神経症者の有能な自我は，不安を信号として経験し，防衛機制を働かせて妥協の交渉をする。

1950年以降，境界状態についての理解が深まってきた。この患者は神経症者ほどの自我の力を持たないために，防衛機制をうまく働かせられない。そのため，境界例の自我は上記とは異なる防衛の仕方をする。これは，第12章で詳述する。

防衛とは何か？

妥協は，不安を和らげる。しかし，完璧には低減できない。そのため，自我は不安の残滓を防衛しなければならない。アンナ・フロイト（1936）は，自我の防衛機能について論じ，さまざまな防衛機制を列挙した[4]。たとえば，抑圧，退行，反動形成，逆転（reversal），否認，投影，自分への向け換え（turning against the self），攻撃者への同一化などの機制がそれである。もちろん，他にも防衛機制は数多くある。知性化は，非常に理知的な患者にもっとも顕著な防衛機制の一つである。ハインツ・ハルトマン（1958）は，自我には防衛の機能とともに適応の機能もある，と指摘した（第3章を参照）。

夢理論とは何か？

『夢判断』（1900）において，フロイトは「夢の材料」について論じている[5]。夢には，最近の素材（昼の残滓として知られている）と，子どもの頃の記憶と願望が含まれている。フロイトは，夢の論理は，目覚めた日常で使われているアリストテレス的論理とは異なるという。夢の中では一次過程が働き，原始的な思考様式となる。フロイトはまた，一つひとつの要素を取り上げて，いかにして夢の構成を理解するかを例示した。彼の目的は，夢理論の提案にあった。私たちは治療を目的とした場合，夢を彼のやり方では分析しない。私たちは，治療を促進するような夢の要素を選択する。

フロイトは，夢は無意識に至る王道である，と考えた。そのとおりだが，今日では私たちは必ずしもつねに王道を歩むわけではない。一つの理由は，単なる無意識の意識化よりも深い目的が，治療にはあるからである。現在でも，抑圧された記憶と無意識的ファンタジーを見出すことは重視される。しかし私たちは，自己と対象関係（第5章を参照）や，適応（第3章を参照）にも関心を抱いているのである。

　また，今日の患者が神経症者とは限らないことも，考慮すべきである。ほとんどの境界例患者の自我の防衛機能は，神経症患者よりも力が弱い。したがって，治療目標は，まず患者の自我を強化し，それによって防衛機能を強化することである。特に低水準の境界例では，抑圧が不充分である。そのため，治療目的は無意識の意識化よりも，むしろ逆に抑圧を助けることにある。境界例ついては，第12章で詳述する。

一次過程とは何か？

　思考過程には，一次過程と二次過程の二つがある。一次過程には固有の論理があり，圧縮を用いて，二つ以上の出来事を一つで表象する。また，一次過程では，何かや誰かの一部分で全体を表象する（pars pro toto）。そして，象徴を用いて偽装する。また，一次過程は，（自我にとって）受け入れられない思考・感情・ファンタジー・願望を検閲している。

二次過程とは何か？

　これは，ひどく混乱していない限りでは，覚醒状態における正常な思考の仕方である。乳児や精神病者は一次過程で思考している。発達的には，0歳の終わり頃から1歳代のどこかで，子どもの世界は組織化され始め，その頃に，二次過程へ移行する。思考はより秩序あるものとなり，アリストテレスの論理の法則に従うようになる。子どもが1歳代になり，物事をきちんと整頓するための儀式を身に付けるようになると，上記の思考過程の移行が顕著になる。

幼児性欲

1905年，フロイトは幼児性欲を発見する。これは，彼と同僚との間に（そして，一般医学界との間に）大きな問題を引き起こした[6]。同僚たちは，幼児や児童が性的な存在であることを受け入れられなかったのである。しかし，子どもを観察すれば，幼児の生活においても性欲が活発であることは明らかである（Galenson and Roiphe, 1976）[7]。

リビドー論

初期の精神分析理論は，エネルギーの移動を説明するためにリビドーという概念を使った。フロイトは，ある種の発達理論を提案した。今日，それは心理性的進展（psychosexual progression）と呼ばれている。リビドーは一つの身体領域から他の身体領域へ流れていく。最初は口に固着し，1歳代には肛門へ，その後は男根へと流動する。これは，周知のごとく，口愛期から肛門期へ，肛門期から男根期への心理性的進展を表わしている。

二大欲動論

フロイトは，単一の欲動論では不十分なことを発見し，1920年に初めて，第二の本能があることを提案した。彼は新たに見つけ出した本能を**タナトス**（Thanatos）と名づけ，リビドー本能を**エロス**（Eros）と呼ぶことにした。彼によれば，タナトスは死の本能に等しく，すべての有機物はこの本能によって無機的な状態に戻るように駆りたてられている，ということを意味していた。

二大欲動論（dual-drive theory）は今もなお用いられているが，かなり修正されている。多くの（おそらく，ほとんどの）精神分析家は，リビドーと攻撃性という二つの欲動を認めても，死の本能は支持しない。どのようにこれらを定義するかは，今も議論が続いている。

悩ましいのは，リビドーよりも攻撃性の方である。リビドー論が提案されてから約20年後に，攻撃性が本能論に追加された。このことが悩ましさの理由の一部である。攻撃性はリビドーと同様の運命を辿ると仮定されている

ものの，それが確実とはいえない[8]。

　1940年，フロイトの没後に出版された遺稿では，欲動とその機能が改めて定義されている。彼によれば，リビドーは結合を求める力であり，攻撃性は分離して破滅しようとする力である。

　これは，私が解説している理論にとって重要な意味をもつ。この理論は結合と分離を扱っており，二つの欲動を交互に用いたり，あるいは統合したものとして用いたりしている。発達は，分化と統合の連続の中で起こるものである。あるレベルでの分化は新たな形態をもたらし，それは次の高いレベルでの統合へと続く。そこでまたより高いレベルでの分化が起こり，新たな統合へと進んでいく。この点は，第3章の自我心理学者たちの研究について論じる際に詳述しよう。

攻撃欲動
　私たちの前には，攻撃欲動についてのさまざまな理論が残されている。フロイトがリビドー論を提唱したはるか後に，これは付加された。そのため，リビドーと攻撃欲動が同じ道筋を辿るのか否かは，未解決の問題のままになっている。そもそも，その起源についてでさえ意見の相違がある。ほとんどの理論家は，攻撃性はイドから生じる，というフロイトの主張を受け入れている。しかし，ジェイコブソン（1964）は，二つの欲動は生後それぞれ別々に発達すると主張した。さまざまな理論は，欲動のエネルギーがどのように発達を促すかを知る助けとなっている。発達理論は統合と分化を重視している。フロイトが示唆したように，リビドーは結合のために働き，攻撃性は分離のために働く，と考えた方が有益である。そうすれば，攻撃欲動は必ずしも破壊的ではなく，分化を強化し成長を促進する面もある，と考えることも可能になる。

中間期の理論
　1900年から1923年にかけて，フロイトはいくつかの課題（たとえば，自

己愛，鬱病，集団心理学など）について膨大な仕事をした。論文「ナルシシズム入門」（1914）は，序論として書かれたが，最後まで完成されなかった[9]。現代の理論において，自己愛はむしろ大きな役割を与えられているが，彼の理論の大部分は改められ，修正されている。現在私たちは，自己表象と対象表象のどちらも同様に尊重されている場合は，健康な自己愛と考える。他方，いずれかに偏った不安定さがみられる場合は，病的な自己愛と考える。これについては，また後に述べたい。

フロイトは「人間モーセと一神教」や「文明への不満」などの哲学的な論文も書いた。フロイトの中間期の理論は，それ自体に価値があるが，構造論の光をあてて再考し改訂すれば，より有益なものとなるだろう。

事　例

フロイトは五つの事例研究を発表した。彼が実際に治療した患者は，三人である。すなわち，ドラ（身体症状がありヒステリーと診断された患者），ねずみ男「強迫神経症の一症例に関する考察」[10]，狼男「ある幼児期神経症の病歴より」である[11]。子ども（ハンス少年）の事例では，直接には治療していない[12]。その父親を援助して，間接的に分析した。もう一つの妄想症患者（シュレーバー）の分析は，シュレーバーが精神病院に入院中に書いた回想録に基づいて執筆された。

これらの事例研究は，今では歴史的な関心を持たれている。そこでは，神経症の理論を見つけようとしたフロイトの暗中模索の跡が辿られる。その足跡は，現代の理論の光に照らして吟味され，疑問も呈されている。つまり，青年期のドラは成人として扱われるべきだったか否か？　ハンス少年の父親は分析家たり得たのか？　ねずみ男と狼男は本当に神経症だったのか？　それでも私たちは，シュレーバーの回想録の研究から，パラノイアについてたくさんのことを学ぶのである。

自我心理学の位置は，どこにあるか？

　自我心理学は，決して分離した一個の理論ではなかった。発達しつつあった自我心理学はヒューリスティックな方法であった，といわれている。しかし自我心理学は，つねに精神分析理論全体の一部分をなすと考えられた。ハルトマンの臨床論文を読み直してみれば，彼はまさに主流派の精神分析家であったことがわかる（Dunn からの私信，1999）。私は，自我心理学が今では主流派と融け合っていることを述べた。次章では，自我心理学についてさらに詳しく述べたい。

〈原　注〉

1. パリのシャルコーのクリニックで，フロイトは催眠術を学んだ。帰国後，フロイトは，上級神経科医ヨーゼフ・ブロイエル（Josef Breuer）と共同で，一人のヒステリー患者の治療に取り組んだ。その若い女性患者は，ブロイエルに対して性愛的感情を顕わにするようになる。そのため，ブロイエルは，この患者を放り出してしまった。フロイトは，それが転移現象である，と認識した。これが，転移こそ精神分析的治療における最重要事項であることが理解され始める端緒となった。
2. クリス（1956a）によれば，幼児期の記憶は，複数の出来事が折り重なった結果であり，それは，発達過程の中でさらに加工される。その結果，単一の出来事は，後々の出来事と一緒に圧縮される。そして，子どもが後に獲得した能力によって加工されて，単一の出来事ではなく複数の出来事の記憶へ変換される。
3. 論文「精神分析における洞察の推移」（Kris, E., 1956b）は，「よいセッション」（The Good Hour）というニックネームで広く知られている。クリスは，システム内葛藤がシステム間葛藤と同じように大切であることを示した。このことは，この論文以前には，分析家の間で知られていなかった。これら二つの要因を包含するのが自我の統合機能であり，そう考えると抵抗と防衛は単独の要因と見なすことはできなくなる。

　　よいセッションは，幸先よくはない（否定的な色合いすらある）形で始まる。これは，スピッツの「ノー」の概念のとおりである。彼は，「ノー」を分離するための手段と見なした。そのような場合，患者は，「自分でやりたい」と訴える発達途中の子どものようにみえる。たとえば，夢が報告されたとき，患者が自発的に連想し，自分で解釈するようなことがある。このようなことが起きてくると，分析の終結は近い。
4. 『自我と防衛機制』（1936）はアンナ・フロイトの記念碑的業績であり，自我の防衛

機能について論じられている。彼女は主たる防衛機制を列挙し，それらがどのように機能して，不安を防衛するかを明らかにした。技法についての入門的な解説も含まれている。

5. もしフロイトの業績が『夢判断』(1900) だけであったとしても，この研究は精神分析の歴史に重要な位置を占めただろう。多くの人々が，そう信じている。この研究において，フロイトは自分の夢理論を提案し，夢がどのようにして作られるかを明らかにした。彼自身の夢が，素材として使用されている。彼は，一次過程と象徴性を解明する理論を提供したのである。近年，他の研究によって，彼の理論の妥当性は確かめられた。フロイトは，夢を無意識への「王道」である，と述べた。今日では，つねに夢が活用されるわけではない。適応的・防衛的構造や対象関係の要因が精神分析の視野に入ってきた。そのため，夢もそれらの要因を扱うために活用され，治療を促進する手段となっている。

6. フロイトは，臨床活動を通して，子どもの性欲を発見し，大胆にも，その発見を科学界で公表した。その結果，学界は紛糾した。『性欲論三篇』(Freud, S., 1905) は，最初の児童観察研究ともいえる。フロイトは子どもを観察してはいなかったが，治療していた成人患者からデータを集めた。この研究ぬきには，精神分析理論は存在しなかっただろう。そして，発達理論も確実に生まれることはなかった。

7. ガレンソンとロイフ (1976) は，保育園において幼児観察研究を行った。その観察によれば，幼い女の子は，男子と女子の解剖学的差異に気がついたとき，ある種の去勢ショックを体験する。

8. リビドーは，それを放出する生物学的経路を有機体内に備えている。他方，攻撃性は，それを備えていないように見える。ハルトマンとレーヴェンシュタイン (1949) は，この問題に悩まされた。彼らは，死の本能に賛同していない。また，攻撃性が破壊を希求している，とも考えない。彼らは，攻撃性の理論を探求し，その結果，対象を保持しようとする欲求を強調するに至った。この欲求は，置き換え，欲動の目的の制限，昇華，リビドーと攻撃性の融合（そこでは，リビドーの方が優勢である）によって達成される。

9. 「ナルシシズム入門」(Freud, S., 1914) において，今日ならばおそらく自己と対象関係の理論と呼ばれるものについて研究され始める。フロイトは，正常な自己愛と病的な自己愛を検討し，対象選択について論じた。自己愛的タイプの人物は，自分自身を愛する。その自分自身とは，かつての自分であったり，そうでありたい自分であったりする。あるいは，かつて自分の一部であったものを愛する。後者が，60年後のマーラーの研究を予見している点は，注目に値する。マーラーは，乳幼児や発達途上の子どもが対象表象の一部として自分を経験することを発見した。これは，彼女の研究の要となっている。

依託的タイプの人物は，世話してくれる女性や守ってくれる男性を愛する。今日ならば，このタイプは正常な自己愛とみなされるだろう。より正確には，正常な自己と対象の関係と考えられる。
10.「強迫神経症の一症例に関する考察」(1909b) は，フロイトの事例報告の一つである。この事例は，ねずみ男というニックネームで知られている。フロイトは，この論文で強迫症について複雑な思考をめぐらしている。今日では，「この患者が本当に神経症であったのか，それとも境界例であったのか？」という点に疑問が投げかけられている。この診断的な区別は，未だに確定していない。フロイトは，神経症の事例として報告している。現代的視点からみれば，疑問点を孕んでいるにもかかわらず，強迫心性の働きについて学ぶところの多い研究である。
11.「ある幼児期神経症の病歴より」(1918) はフロイトの五大症例の一つであり，狼男というニックネームで知られている。この患者にも，「本当に神経症であったのか，それとも境界例であったのか？」という点で疑問が投げかけられている。その当時のフロイトは，治療だけではなく，臨床素材から理論的な発見をすることにも関心をもっていた。そして，この事例から，「原光景は，子どもを驚かせる」というアイディアを得た。フロイトは，一つの夢からそれを発見した。患者は，狼たちが木の枝に乗っている夢を見る。フロイトは，この夢を辿って，原光景にさらされた失われた記憶へいき着いたのである。
12.「ある5歳男児の恐怖症の分析」(1909a) は，フロイトの五大症例の一つであり，「少年ハンス」の分析記録である。この分析は，フロイトの指導の下に，ハンスの父親によって実施された。これは，児童分析の最初の報告である。今日の基準からすれば多くの点で不備があるものの（特に，父親が分析をしている点），この報告は正統な分析の特殊形であり，児童分析の発展に道を開くものとなった。

第3章

自我心理学への貢献者

　自我心理学は，1923年に構造論が導入されたときに始まった。そこから何人かの理論家たちが多様な方向へ飛び立った。たとえば，精神病の自我（P・フェダーン）[1]，対人的相互作用における自我（H・S・サリバン），葛藤する自我（M・クライン）などが研究された。私が辿ろうとする方向は，1939年（1958年に英訳された）のハルトマンに固有な自我心理学の導入と，1936年のアンナ・フロイトによる自我の防衛機制の議論へ向かっている。その他の自我心理学者たちの膨大な理論のすべてを要約し，ここに示すことは難しい。したがって，主な自我心理学者とその同僚の業績が，その後の自我心理学にどのような寄与をしたかについて主要な側面に限って述べたい。

アンナ・フロイトの研究

　前章で述べたとおり，構造論が推し進めた理論的方向は，自我の無意識部分の探求であった。アンナ・フロイトの研究は，無意識の中心部分（すなわち，防衛機能）に焦点を当てている。彼女は，防衛の働き方について記述し，抑圧・退行・分離・反動形成・逆転などの防衛的機能を列挙した。そこに昇華も含めた。しかし，昇華が防衛機制なのか，それとも欲動の正常な方向転換なのかは，なお議論の分かれるところである。現在では，昇華を防衛機制に含めるのは疑問視されている。

ハインツ・ハルトマンの研究

　ハルトマンは，自我の適応機能という考え方を導入して，この方向に研究を進めた[2]。彼の理論は，新生児が環境としての養育者に出会うことから始まる。ハルトマンは，適応を有機体と環境の互恵的な関係（reciprocal relationship）と定義した。そして，新生児には生まれながら比類ない適応能力がある，と想定した。適応は，誕生後，即座に取り組まれなければならない最初の課題である。新生児は，生きるために，生れ落ちるとすぐに息をしなければならない。また，乳を飲まなければならない。幼児と母親は，適合し合う方法を見つけなければならない。ハルトマンは，これを最重要課題とみなした。彼が適応について記述したために，精神分析は精神病理中心の心理学から，正常発達も含む心理学に転換した。

　ハルトマンは，新生児に内在する生得的能力の存在を説明するために未分化のマトリックス（undifferentiated matrix）という概念を提唱した。そこには，自我，イド，適応能力，発達的予定表（developmental timetable）が含まれている。この概念は，未発見の要素のためにスペースを空けてある。メンデレーフの元素周期表に似ている。未分化のマトリックスについても同様であって，それは生得的に付与されたすべてを内包しており，内包されていたものは誕生後に分化を始める。自我とイドは，誕生直後に分化し始める。歩く，話すという機能は，成熟の予定表に従って発達していく。ジェイコブソン（1964）は，二つの欲動もこのマトリックスの中に融合して存在しており，やがて分化していくはずだと指摘している。私たちは，情動も分化しなければならないと示唆した（Blanck & Blanck, 1974）。生れてすぐに分化が始まる機能もあれば，歩行のように身体的成熟を待って分化するものもある。

　ハルトマン理論の基本的教義は，発達とは分化と統合の連続的過程であるという点にある[3]。ある水準で生じた分化は，次の高次の段階での体験と結びついて，つねに拡大していく機能へと統合され，そして，さらに高い水準で再び分化と統合が生じる。この考え方は，児童観察学派の研究を考慮しなければ，むしろ抽象的にみえてしまう。マーラーとスピッツは，子どもが分

離し、「燃料補給」（refueling）のために母親のもとへ回帰し、そしてまた分離する様子を観察した。

　もう一つの適応の側面は、自動性（automatisms）の形成である。ある行為を繰り返すことによって、そのつど改めてステップを踏みなおす必要がなくなる。その結果、その行為は自動的になり、エネルギーは節約される。これは、特に思考過程にあてはまる。

　構造の形成も適応に貢献する。同一化は、両親像との関係の連続性を反映している。超自我とは両親との同一化の結果であり、適応から生まれるのである。

　ハルトマンは、その他の適応の機能（対象関係、知性、合理性、思考、恒常性の維持）についても論じた。彼は、エルンスト・クリス[4]やルドルフ・M・レーヴェンシュタイン[5]といった共同研究者たちと共に、発生的要因も追求した。それによれば、発達のごく早期の、忘れ去られている経験でさえ、現在の機能に影響を及ぼしている。攻撃性、超自我形成、精神分析における理論の役割、解釈技法などの問題も彼らの研究対象であった。

エディス・ジェイコブソンの研究

　ジェイコブソンの仕事は、精神分析的発達理論に大きな影響を及ぼした[6]。彼女の心的表象（mental representation）の概念によって、経験、自己と対象のイメージ、これらのイメージの相互関係が内的世界に存在することが明確化された。乳児は情緒的体験を寄せ集め、集めた体験の表象を内在化する。具体的にいえば、新生児が養育者と出会ったとき、心や魂の中には持続した印象が残される。表象世界とはこうした印象が記録される「場所」である。ここに記録されるものは、実際の母親の姿ではなく、子どもが感じた母親の印象であり、それには、体験に伴って生じる情動が大きく反映している。これは芸術作品としての写真に喩えられるかもしれない。写真家が被写体を芸術作品として撮る場合、フィルムに現実を焼きつけるためではなく、伝えたいと思う自分の印象を表現するために焦点を合わせる。撮影された被写体を眺

めたとき，それ以上の何かを見ることができる。子どもは，一人ひとり独自の情動体験を基に独自の表象を獲得するのである。

このような文脈でジェイコブソンは，自己と対象関係の確立についても詳細に研究した。彼女の研究は広範囲にわたり，鬱病などの情動体験にも及んでいる。彼女は，ハルトマンが創始した理論の直系の後継者であり，推敲者であると考えられている。

児童観察

児童観察派のスピッツとマーラーがガイドラインを提供してくれたおかげで，正常発達のパラメーターが分かるようになり，任意の事例において，どのような正常発達からの逸脱が生じているかを検討できるようになった。今では治療者は，患者の生活史上の出来事が発達に与えた影響を評価する手段を手にしている。

それらは仮定に過ぎないだろうか？

イエスであり，ノーである。児童観察研究は，早期発達の諸側面を明確化したが，彼らの観察データをみれば，それらが単なる仮説とは考えられない。しかし，実際の事例に応用する場合は，患者の想起できない時期を扱うため，推測に頼らざるを得ない部分は多い。成人患者の最早期がどのようなものであったか，それについてのもっとも確実なアプローチは，転移に現われる行動に目を向けることである。

私たちは，児童観察派の提供したガイドラインを，転移性行動における対象関係の水準についての検討と組み合わせる。その結果，仮説を立てることが可能となる。その仮説は治療状況で吟味される必要があるし，また，新しい情報が出てきて，思考の方向性を変えざるを得なくなった場合には，仮説は棄却されるべきである。

仮説は治療者に従うべき方向性を与えてくれるものであり，いずれは証明される。しかし，もし治療者が仮説は誤りだと感じたならば，いつでもその

仮説を捨てて方向転換しなければならない。仮説に頑なにこだわるならば，治療は誤った方向に進むことになるだろう。

どうすれば，仮説が正しいか否かを判別できるだろうか？

　治療は患者の変化を引き起こすはずである。治療が進展しているかどうかを知る方法の一つは，新しい素材が現れるか否かにある。新しい素材は，進展を確証してくれる。夢が進展を確証することもある。患者は直線的に改善していくものではないものの，改善すれば，治療が正しい道筋を辿っていると分かる。

ルネ・A・スピッツの研究

　人生早期とは，「思い出すこともできず，忘れ去ることもできない時期」としばしば語られてきたが，スピッツは，この時期について理解する道を開いた児童観察者の一人である。彼は，はじめはイドとほとんど区別できない状態の自我が，情緒体験によって組織化されていく様子を明らかにした。そして，三水準の組織化とその指標を発見した。その指標の出現は，組織化が発達的時刻表と一致して達成されることを教えている[7]。

　子どもは，最初に，人の顔のゲシュタルトを組織化するが，それは人の顔が現れると空腹などの不快感から救済される体験のためである。救済を繰り返し体験した後に，新生児は顔に向かって笑い始める。微笑は，ある水準の組織化が成立したことの最初の指標である。その組織化は，この体験自体と，顔の形（目，鼻，口を備え，かつ動いている顔全体）に限定される。乳児は，横顔や静止した顔には微笑しない。

　数カ月経った子どもは，もはやどの顔にでも笑いかけることはしなくなる。赤ん坊は見慣れない顔と見慣れた顔を区別できるようになり，見知らぬ人からは離れようとする。この頃，見慣れない顔を見て泣く子もいる。また，ただ全身を緊張させる子もいる。いわゆる人見知り不安は，組織化が第二水準に進んだことの指標である。赤ん坊は，母親を「固有のリビドー対象（libidinal object proper)」として確立する。

　組織化の第三水準の指標は，意味論的コミュニケーションである。生後18カ月頃，子どもは話し始め，特に，「ノー」と言うようになる。これは，子どもが個人として十分に分離したことのサインである。子どもは，母親が自分の一部ではないことを認識し，母を拒否することもあるようになる。話す力は，自己と対象関係が高度に組織化されたサインであるばかりでなく，分離の深い溝（chasm）を越えて，他者とかかわわることが可能となったサインでもある。子どもは母親が自動的に願望に反応してくれるだろうとはもはや期待していられないし，母親の方も，子どもが欲していることを言葉にしてもらわなければならない。スピッツは，この水準の組織化を意味論的コミュニケーションの獲得と名づけた。それは，単なる言葉の範囲を超えており，他者に伝達することだからである。これは，対象関係の新しい段階を表わしている。

　私は，第2章でコミュニケーションについて議論した。そこでは，真の芸術とは何かを伝えるものだと述べた。他者と付き合っていく上で，コミュニケーションは必要不可欠であると理解することは，子どもの将来のすべての関係の基礎となる。

マーガレット・S・マーラーの研究

　マーラーの研究は精神病の子どもの研究から始まった。その後，観察による正常発達の研究に転じて，乳児とヨチヨチ歩きの子どもと両親との関係を研究した[8]。マーラーの主な研究手法は，生後3年間の母親と子どものペアを対象とするものであった。この研究の中で，彼女は心理的誕生（psychological birth，すなわち，明確に分離した同一性の獲得）は，身体的誕生後およそ3年間で生じるという結論に到達した。

　マーラーは，養育者と融合した状態にあった新生児が，次第に分離し，個体化し，独自な一人の人間になっていく様子を詳細に記述した。そして，この3年間にわたる分離個体化過程に四つの異なる段階があることを発見し

た。最初は分化期（differentiation）であり，この時期の子どもは，親から幾分か離れている自分を経験しはじめる。身体的な成熟によってハイハイができるようになり，さらに歩けるようになる。この頃，分離個体化過程の練習期（practicing subphase）に入る。マーラーはこの下位段階を，発見と支配の段階と記述した。これは，子どもが世界と恋愛関係に入る段階と呼ばれている。子どもの世界は拡がり，新しいもの，新しい身体能力を発見して，気分が高揚する。

やがて現実検討力が備わってきて，子どもは自分が広大な世界の中のほんの小さな存在であることを認識し，不安を感じるようになる。そして自分の基地に立ち戻る必要が生じてくるが，この過程は，再接近期（rapprochement）と名づけられた。この時期の母親の役割は，子どもの視線を受け止めるだけではすまない非常に大きなものとなるが，それは子どもが基地の存在を確かめて安心したいと望んでいるからであろう。マーラーはこの段階を，子どもがさらに発達し，より広い世界に入っていくためにきわめて重要な段階と見なした。

この段階を順調に通過すれば，子どもは対象恒常性に至る道を歩む。その過程は，無限に続く。子どもが安心感を得るために戻ってきたとき，母親が受け止めなかったならば，発達に遅れが生じる。マーラーは，再接近期に失望すれば，分離個体化は不完全となり，その結果，完全に構造化された状態よりも，境界状態になりやすいと主張した。

ハルトマンは，適応を有機体と環境との互恵的関係と定義したが，マーラーはこの関係性が同等ではないことを発見した。母子間で適応に大きな役割を果たすのは，高い適応性を備えて生まれてくる子どもの方である。母親の方も適応しようとするが，子どもと等しい能力を発揮できない。この発見は，養育者を心理的な重荷から解放する。養育者の役割は，子どもの生得的な資質，特に，適応能力や環境から引き出す能力によって制限されるからである。私はこの発見から推測して，大人の治療でもこのような考え方が有用であり，また，これを裏づけとした治療態度が大切であると提唱した。

本章では自我心理学の基礎となる理論を要約して述べた。より詳細な内容については原著をあたってほしい。また，より詳細な議論は，ブランクとブランク（1974）も参照してほしい[9]。

〈原 注〉

1. フェダーンは，「フロイトから出発した」理論家の一人である。彼の研究は，フロイトによる構造論から直接生まれた。ハルトマンは，正常発達における自我を研究したが，フェダーン（1952）は，精神病の自我を検討した。
2. 『自我の適応』(1958)は，ハルトマンの主著である。これは，フロイトによる構造論から出発した。ハルトマンは，正常心理学でありかつまた精神病理学でもある精神分析に関心を抱いた。自我の適応機能に焦点を当てることによって，ハルトマンは自我心理学の父となった。

    ハルトマンは，有機体と環境の間の互恵的関係として適応を定義した。その結果，乳幼児の発達過程における母親と乳幼児の相互作用の研究に道を拓いた。

    ベネデクは，それが一方向的でないことを発見した。つまり，親の方も，子どもの発達に合わせて発達し，自分たちのやり方を編み出していく。

    ハルトマンは，自我とイドとが生じてくる未分化なマトリックスと自我の葛藤外領域（the conflict-free sphere of the ego）という概念を考案した。葛藤外領域とは，葛藤の生ずる領域の外側を意味する。彼は，空想によって迂回する創造的思考を正常とみなした。また，対象関係についても扱い，構造化がいかにして適応に役立つかを明らかにした。そして，対象関係・知性・合理性・思考についても検討を加えた。
3. ハルトマンとレーヴェンシュタイン（1946）は，欲動理論と自我心理学を一つに織り合わせた。また，分化と統合の概念について強調した。「分化とは，機能の特殊化を意味する。他方，統合とは新しい機能の出現のことである」(p.18)。分化によって，自我はイドから分離した特別な器官となる。ここに，人間の本能的欲動と動物の本能の相違点がある。動物は，本能によって現実に適応する。他方，人間は自我（イドから分離した器官）を通して現実に折り合いをつける。
4. ハルトマンとクリス（1945）は，メタ心理学の諸要因について論じ，既存の構造論・力動論・経済論に発生論を追加した。発生論的アプローチは，なぜ早期の体験が後の体験に影響を及ぼすかを明らかにした。

    クリス（1951）によれば，自我心理学は，前エディプス期についての知見を神経症的葛藤の分析に応用した。その結果，精神分析の視界が広がった。精神分析の目標が速やかに無意識に到達することであった頃は，抵抗は妨害物とみなされて

いたが，今日では防衛過程にとって欠かせないものと考えられている。アンナ・フロイトがすでに論じていることではあるが，彼もこの点を強調している。また，平等に漂う注意とは，共感・自己観察・判断の間をたえず往復することとして定義された。そして，解釈の際は，イドの内容だけに絞らずに，可能な限り広い意味の伝達を目論むべきである，と推奨している。

5. ハルトマンとレーヴェンシュタイン（1962）は，フロイトの主張に賛同している。すなわち，超自我はエディプス葛藤の中から結晶化してできた構造である。内在化の開始という要因は，終局的には一緒に働いて，超自我を形成するに至る。

6. ジェイコブソン（1964）は，自我心理学的対象関係論の本質的な部分を拡張した。欲動理論に過ぎなかった精神分析から，欲動と自我と対象関係と葛藤の理論としての精神分析へと移行させたのである。彼女は，自我心理学の新しい言葉を使用できず，欲動理論の言葉を駆使して論じなければならなかった。そのため，読み難さという問題が生じた。したがって私たちは，欲動理論の言葉を自我心理学の概念に翻訳しなければならない。彼女の貢献は際立っており，その骨を折る価値は十分にある。

　ジェイコブソンは，同一性の形成について論じ，自我・自己・自己表象を区別した。彼女は，表象世界というハルトマンの概念を前進させたが，これは，自我心理学的対象関係論の柱石となった。自己表象と対象表象は，対象と相互作用する自己の経験から生じる。これは，内的な表象世界の存在を意味している。この世界は，外的世界とは同一ではないものの，経験の影響を受ける。彼女は，抑鬱と離人症についても多くの研究を残し，極端にストレスのかかった状況では，これらは正常現象であることを示した。

7. 『自我形成の発生的場理論』（1959）において，スピッツは，自我形成の理論を発展させた。その過程には三段階があり，それぞれの指標（indicator）が，各段階の達成を知らせてくれる。第一の指標（微笑反応）は，生後数週間後に生じる。それは，人生における最初の数週間の体験が組織化されたことを意味している。第二の指標（人見知り不安）は，その子が「固有のリビドー対象」を獲得したことを示しており，彼は見知らぬ人に用心するようになる。第三の指標（意味論的コミュニケーション）は，単なる発話の獲得以上のものを示している。それは，ある地点にまで分離と対象関係の水準とが発達したことを意味している。その地点に至ると子どもは，「深い溝を越えて（across a chasm）」コミュニケーションしなければならない。ここでいう深い溝とは，分離の溝である。

　『人生の1年目』（1965）において，スピッツは，最初の1年間に焦点を置いて「場理論」を再び取り上げた。

8. 『乳幼児の心理学的誕生』（1975）は，記念碑的な発達理論研究である。その中で，マー

ラーらは，ニューヨークのマスターズ児童センターにおける母子ペアの観察を報告している。マーラーは，これ以前にも分離個体化についての相当な量の研究をしていた。しかし，この注意深くデザインされた観察研究は，彼女の仮説を明確な理論へ結晶化させた。その結果，彼女は，身体的誕生から3年後に心理的誕生が生じる，と主張できるようになった。その過程は，相互に適合しあう段階，共生の段階，長い分離個体化過程の段階を経るものである。

9. 『自我心理学：理論と臨床』(Blanck, G. & Blanck, R., 1974)は，自我心理学の教科書である。主要な自我心理学者の研究を概説した。そして，神経症患者のみならず自己愛的患者や境界例の治療のために，これらの概念がどのように活用できるか，について明らかにした。

　私は，自我心理学的概念が臨床技法に与えた影響について論じた(Blanck, G., 1966)。これらの概念は，技法のレパートリーを拡張した。発達的問題が分析状況において反復される点を特に強調した。この反復は，再加工の機会を提供してくれる。そこから，治療は自我の成長に「合わせて」行われるべきであることが示唆された。発達の諸側面の中でも，特に分離過程が強調され，これを技法的に活用すべきだ，ということも示唆された。

　ブランクとブランク（1980）は，分離個体化過程が自我の組織化のために寄与することを指摘した。

　『自我心理学を超えて：発達的対象関係論』(Blanck, R. & Blanck, G., 1986)は，自我心理学シリーズ（1974, 1979）の続編である。今回は，治療状況における対象関係要因を追究した。また，構造論の改定を提案し，自我は上位の審級であり，心的装置を組織化する機能を担っていることを主張した。

第4章

構造の性質

　精神分析の理論が形成途上にあった頃，心はイドと自我から成っていると考えられていた。その後，フロイトは自我の一部に無意識的な部分があることを見出した。また，第三の要素として超自我を加えた。さらに，ハルトマンとジェイコブソンが表象世界という概念に注目した（これはサンドラーとローゼンブラット（1952）によってさらに詳細に研究された）[1]。その結果，今日，構造（structure）と呼ばれている心の形に，三つの心的審級以上のものが存在する余地が生まれた。現在の構造の概念には，対象表象とのかかわりにおける自己表象のパターンが付け加えられている（第5章で詳述される）。

　これらの概念は，すべて構成概念であり，自我の無意識的な部分にあるといってよいだろう。最近の神経科学の発見は，簡潔にいえば，構造形成の結果として脳に物理的変化が生じる可能性を示唆している。

構造はどのように形成されるのか？
　構造は，二つの方向性が同時に働いて形成される。すなわち，（1）自我とイドの分化と，超自我の形成，そして，（2）内的世界の成立である。後者は，自己が対象との相互作用において情動に色づけられたさまざまな体験をすることによって生じる。この経験のイメージは最初は対人関係的イメージであ

るが，内在化によって表象世界に帰属するようになると，精神内界的イメージに変わる。したがって，構造とは，分化と内在化がもたらした最終生産物である。

情動とは何か？

　情動体験は，構造形成の要である。スピッツ（1972）は，情動と知覚の強い結びつきを指摘した[2]。エムディ（1999）は，スピッツの仕事を受け継ぎ，情動は発達的変化の混乱の中で，体験のまとまりを維持する要素となることを示した[3]。すなわちエムディは，情動は適応的である，というハルトマンの主張に補足して，情動がどのように適応上役立つかを正確に示した。

　スピッツとエムディの情動理論によれば，生まれたときから**芽生え**つつある構造をまとめる働きが情動にはあるといえるだろう。情動は，織物の模様に一貫性を与える縦糸のようなものである（ウエブスター国際辞書第3版によれば，縦糸の定義は，構造の基盤あるいは素材である）。情動体験をともなう「おはなし療法（talking cures）」が認知療法，行動療法，薬物療法よりも持久性がある，と主張されている理由はここにある。

内在化とは何か？

　内在化とは，外的体験を転換して，表象世界の中に位置づける「受け入れ」の過程である。これには取り入れ，一体化，同一化など，いくつかの過程がある。私は，これらのプロセスを包括する用語として**内在化**（internalization）を使っている。

　内在化は，自己と対象関係のパターンを確立する上で，中心的役割を果たす。生まれて間もない子どもは，はじめは母親との間で対人関係的な直接的な交流をしているがやがて，それが精神内界で行なわれるようになると，これが発達上のターニングポイントとなり，内在化の働きによって外的体験が子どもの表象世界へ移されることとなる。

構造の定義とは何か？

構造は，精神作用が組織化された持続的形態によって構成されている。換言すれば，イド，自我，超自我，並びに表象世界が確立したならば，構造は構成されたのである。

これらの構造は，どこにあるのか？

構造は物として存在する場所があるわけではない。しかし，現在，構造が実質的である，と考えてよい根拠はある。神経科学者のエリック・カンデル（1990）は，虫の構造化を研究した[4]。彼は電流刺激を繰り返し与えた虫を解剖して，神経皮膜の厚みが増大していることを発見した。これは反復的刺激が記録されることを証明している。現代では精神分析学と神経科学との境界にも関心が向けられ，心理学と身体の両側面から構造形成の研究が行われている。これについては，第15章でもう少し述べる。

構造の起源とは何か？

フロイトの考えでは，自我はイドから生じる。超自我は自我から分化した最後の審級であり，エディプス・コンプレックスの後に発達する。ハルトマンは，自我の起源を巡って異論を唱えた。ハルトマンによれば，人生最初の時点では自我もイドもない。これらの二つの審級は，未分化のマトリックスから誕生後に現れる。どちらの理論が優れているかを決定する際には，理論形成に役立った方を選択せざるを得ない。

なぜ自我の起源が問題となるのか？

発達（心理的成長を意味する）と成熟（身体的成長を意味する）とは，共に母―乳幼児の二者関係（mother-infant dyad）の中で進行する。スピッツ（1945）によれば，母性的接触を剥奪された乳児は，発達と成熟に失敗する[5]。このことは母性的刺激が身体的成熟と同様に，自我機能を刺激し，自我の組織化を促進することを意味している。ジェイコブソンは，発達が適切なマザリン

グの保護の下で進むことを指摘した。

　ハルトマンは，自我とイドは未分化のマトリックスから派生し，誕生後に分化すると主張した。彼の主張によって，母－乳幼児の二者関係に注目が集まった。その結果，自我の発達を母性的刺激の文脈から研究できるようになった。小さな諸構造がより大きな構造を形成していくに従い，構造は一つの布置へと組織化される。その変化において，情動が結合力を発揮する，と推測される。

　つまり，ハルトマンの理論は，より可能性を孕んでいる。そのため，フロイト理論に置き換わりうるかもしれない。それは理論形成の分かれ道であり，理論を発達的観点の方向へと導くものである。彼の理論は，乳幼児と養育者とがいかに相互作用するか，そしてこの相互作用がどのように構造化を促進するか，という研究に道を開くものである。彼の理論によって児童観察派は，乳幼児と母親の研究へと導かれた。

構造は体験からどのようにして生じるのか？

　たとえば一日に何度も授乳されるような複雑な情動体験が，組織化されて一つのゲシュタルトとなる点に注目してみよう。それは，空腹，泣き声，足音，顔の出現，だっこ，養育者との交流，苦痛からの解放という複雑な体験である。組織化され，構造となっていくのはこのような出来事の体験（その後は，もっと複雑な体験）であり，そこでは，情動が結びつきを生じさせる縦糸として働いている。

構造の概念は，どのように拡張されたか？

　今日，構造概念は拡張されて，イド，自我，超自我，身体イメージなども含んでいる。それは，体験の記録で構成されていると考えられる。人間の乳幼児は，カンデルが虫に与えた刺激よりもはるかに複雑な体験をしているが，それでも，同様なことが起きていることは明らかである。

　体験が繰り返されるにつれて，次第に予測できるようになる。その理由は，

ニューロン経路が敷設され，生理学的帰結を伴った構造が獲得されたためであると推察される。しかし，心理学と生理学を結びつける道では，私たちはまだ冒険的な第一歩を踏み出そうとしているに過ぎない。

構造の存在は証明できるだろうか？

人間の脳の構造を調べる手段を見つけるためには，まだ多くの年月が必要と思われる。虫の単純な神経システムとは異なるため，当分は，解剖でも立証できない。それは病理学者達の構造を探索する訓練が不足しているからだろうか？　今日の探索装置が十分な精度を持たないからだろうか？　それとも，その両方だろうか？

脳を変えることは可能だろうか？

脳は体験によって変えられると主張しても，大胆すぎるとはいえない。精神薬理学によれば，異物を注入すれば脳は化学的に変化する。情動体験は，脳の化学的変化だけでなく，生理学的変化を引き起こすと考えられる。化学的変化の効果は薬物が抜ければなくなる。しかし，日常生活の中での情動体験ないし心理療法や精神分析の中での情動体験は，より持続的な変化をもたらすと考えられる。その変化は，薬物などの異質な物質の摂取によって惹き起こされたものではないからである。

表象とは，構造なのだろうか？

当然，イエスである。表象は，構造の構成物である。最初のイメージは，まだ安定した表象とはなっておらず，融合した自己と対象のイメージとして存在する。分化と並行して心的分離がゆっくりと進行し，次のより高いレベルでの統合が生じる。同時に，自己と対象のイメージが互いにより明確に分かれていく。最終的にそれらが安定すると，それらはもうつかの間の一時的なイメージではなく，安定性をもった表象とみなされる。

この理論は，治療状況にとってどのような価値があるのか？

　早期の体験は構造の中に固定され，自己と対象についての個人の感じ方を決める。臨床的にみれば，自己表象の価値が対象表象よりも低い患者は，低い自己評価を示す。自己表象を過剰に高く評価しすぎる患者は，病的ナルシシズム状態を呈するだろう。

どのようにして治療者は，それを把握するのか？

　転移にはさまざまな機能があるが，その一つに内的構造への窓を提供する機能がある。「先生の顔を一目見て，先生ならば助けてくださる，と分かりました」と言う患者は，対象表象の過剰評価を示している。「妻は，先生に会うべきだ，と申します。でも，誰かに助けてもらわなくても，自分のすべきことは分かっています」と訴える患者は，病的ナルシシズム状態を示している。つまり，自己表象と対象表象のバランスが悪く，自己表象に過剰な価値がおかれている（Blanck and Blanck, 1979）[6]。ジェイコブソン（1964）は，健康なナルシシズムを自己表象と対象表象に等しくエネルギーが備給されていることと定義した。このような例は，治療者がどのように耳を傾け，内的構造を示唆する患者の態度をどのように観察するかを教えてくれる（転移については，第6章に詳述する）。

構造を変えることはできるだろうか？

　精神分析的治療の本来の目的は，構造を変化させることであると考えられてきた。そして，自我心理学以前の治療の目的は，自我・イド・超自我の三者間の関係を変えるという単純な問題であった。そして，自我の強化，超自我の修正，イドの馴化について数多く論じられてきた。葛藤の分析によって，自我は強化される。その理由は，防衛に消費されていた心的エネルギーが解放されて，自我は葛藤から相対的に自由になり，よりよく機能できるようになるからである。神経症患者の過剰に厳しい超自我は，子どもの頃の規制がもはや適応的でないことを示してやれば，修正される。イドの馴化には，た

くさんの方法がある。たとえば，自我によって願望を処理したり，試行活動としての思考をしてみたり，別の方法を使って衝動行為の代わりに判断機能を用いたりすることである。こうして三層構造の変化が起きると，治療は最終点に到達したとみなされてきた。しかし，構造の構成物についての見解が拡大されたため，今日の課題ははるかに複雑になっている。

　正確に言えば，視野の拡大だけでなく，着眼点にも重要な変化がある，と言わねばならないだろう。対象関係論は，つねに主流派の理論の中心に座を占めてきたし（第5章を参照），強調され，洗練されてきている。今日，精神分析的な治療が非常に複雑になっている理由は，三つの審級間の関係性ばかりでなく，自己表象と対象表象との関係性をも変えようとしているからである。

　対象関係の要因を新しい理論と見なし，過度に熱狂する者もいる。彼らは，それを主流派からの新たな出立として紹介している。しかし，対象関係理論は，葛藤理論を不要物として放棄して対象関係だけを扱ってよいほどの新理論とは考えられない。自己表象と対象表象の間の相互作用に注意を払いながら，同時に葛藤の分析を進めていくならば，精神分析と精神分析的治療は一層深いものになるだろう。

治療的差異とは何か？

　ここで，レーワルド（1980）の治療的差異（therapeutic differential）という概念の検討が役に立つだろう。治療を継続する途中で，患者は一次対象（primary object）との経験と分析家との経験の違いに気づくようになる。そして，患者は病的な内在化を放棄して，それと現在の状況の諸側面を選択的に置き換え始める。それにつれて，緩やかながら変化が生じる。ここでは，自我がどこまで柔軟であるか，あるいは柔軟になったかがきわめて重要である。その柔軟性によって，自己と対象関係の固着した様式が自我の現実検討力に従って変えられる。

それは，「革命的」な理論の主張ではないだろうか？

　イエスであり，ノーでもある。分析家との関係性が自己とのかかわり方と他者とのかかわり方を変える，と主張する理論も存在する。その点では「革命的」である。しかし，レーワルドの主張はそれほど単純ではない。そのため，「革命的」とはいえない。レーワルドによれば，内在化された自己表象は分析体験から新しい同一化を獲得する。それは自己表象ばかりでなく対象表象も変えるし，二つの表象の相互作用のあり方も変える。次に，パターンとしての相互的関係性について説明してみよう。

機能の移転

　R・ブランク（1986）の主張によれば，対象表象の諸相をなしていたいくつかの機能は，構造化の過程で，自己表象へと移転される[7]。その結果，分離個体化が進む。ここで意味しているのは，着替えや食事などの単純作業ではなく，もっと広い，持続的な世話をいとわぬ風土（climate of care）のことである。それは，誕生したときから子ども時代にかけての母性的対象の機能である。特にその世話には，世話され気遣われることから派生する自己評価と健康な自己愛が含まれる。自分を世話し，愛し，責任を担う機能の移転は，年月を経て大人になるまでゆっくりと続いていく。その結果，子どもは一人の人間として自分自身を世話し，親となれるようになる。

どの程度の変化が期待できるだろうか？

　治療によって変化すれば，その後は安泰だろうか？　フロイトは，すべてが失われるものではないことを知っていた。ひとたび形成された構造は，その後，変化し洗練されることはあっても，基本的な構造は残り続け，時を経ても影響を与えるだろう。したがって，変化してからも，以前の構造の痕跡は存在し続ける。それは休眠中なのであって，思いがけない新しい人生体験に出会うと，間違いなく蘇ってくる。

　フロイトは『終わりある分析と終わりなき分析』（1937）を書いたとき，こ

のことを念頭においていた[8]。彼は「分析が扱えるのは，人生の過去と現在の出来事だけであり，将来に起こることは扱えない」と書いている。精神分析によって，被分析者はいずれ遭遇する出来事に対処する素地を与えられるだろう。しかし，構造にとって困難な出来事が起り，再び分析を必要とすることもある。

どのようにしたら構造は変化するのか？

神経症患者は構造化されている，と想定できる。治療の主目標は構造を変化させることにある。つまり，治療とは，葛藤の解釈，超自我の修正，内在化された対象関係を変化させる選択的同一化を通して，構造の各要素間の関係を変えることである。

構造の形成とは何か？

神経症患者は構造化されているが，境界例の本質は，構造化の過程が不完全なことにある。これが境界状態の査定と治療を格段に難しくしている。構造化の程度は個々の事例によって異なるため，それぞれ別個に評価しなければならない。

高水準の境界例患者では，診断は特に複雑になる。分離個体化過程は不完全であるが，他方では，ある種の神経症的葛藤に耐えるだけの構造も持ち合わせているからである。そのような患者は神経症的特徴を具えた境界例，あるいは境界例的特徴を具えた神経症と呼んでよいだろう。そのような患者でも，発達理論から得られた技法によって，分析可能である（Stone, 1954）[9]。

構造を築くためには，まず生育史，それが本人に与えた独自の影響，構造化の程度，対象関係の要因を検討する。さらに分離個体化がどの程度まで進んでいるかをはかった上で，この過程を一層促進する機会を探すのである。

また，分離の状態を詳しく知るためには，自己表象が対象表象からどの程度まで独立しているか，また対象表象の機能が自己表象へどの程度まで移転されているかを検討することも手掛かりとなる。

その上で，どの部分の発達の構造化が遅れているかの探索も必要である。私たちは構造化が遅滞した地点まで発達を巻き戻す。それが進むにつれ，構造形成は再開され，正常な発達の推進力が発揮され出すだろう。ベーカー氏の事例（第12章に詳述する）では，よい対象表象と悪い対象表象が融合して単一の表象になって構造が形成された。分離過程によって，自己と他者は二つの各々全体的な別個の人間である，と気づくようになるが，それと並行して，構造はさらに形成され続ける。

〈原 注〉

1. サンドラーとローゼンブラット（1952）は，フロイト，ハルトマン，ジェイコブソンらの内在化と内的世界の実在に関する構成概念を精緻化した。彼らによれば，自我の内部に内在化された表象の存在する「場所（locus）」がある，。
2. スピッツ（1972）は，早期体験の記憶について論じた。18カ月頃までに，乳幼児は多くの体験を重ねる。その結果，個々の子どもの生活は，それぞれユニークなものとなる。これらの「記憶」は，バラバラな出来事の記憶ではない。それらは，聴こえざる見えざる潮流であり，これまで考えられていたよりも遥かに複雑なものであって，後の人生における態度と行動に大きな影響を与える。
3. ハルトマンとスピッツの跡を継承し，エムディ（1988a）は，資質と環境の相互作用に発達の基盤を求め，発達が生涯にわたって継続することを指摘した。
   また，彼（1988b）は，この拡張された理論が臨床に及ぼす影響も強調した。
   エムディ（1999）は，情動が発達過程の本質をなすことを提唱した。発達的変化の真っただ中で，情動は心的システムのまとまりを維持するために働いている。
4. 1990年のアメリカ精神分析学会大会において，カンデルは，虫を用いた実験についてのスライドを掲げ，構造が反復性の刺激によって形成されることを示した。電流を流した虫の生体を解剖してみると，物理的構造が形成されていることが分かった。そこから私たちは，人間の脳内でも物理的構造が形成され得る，と推論する。
5. 母親がいないため，施設に入れられている乳幼児は，十分に栄養を与えられているにもかかわらず，栄養失調（marasmus）に陥った（育たなかった）。中には死亡した乳児もいた。スピッツは招かれて，何が不可解な状況を生み出しているかについて調査した。彼の観察によれば，栄養内容は適当であったが，流れ作業で管理されており，看護師はベッドからベッドへ移動し，次々に哺乳瓶をあてがっていた。彼は，生命を与える重要な要素つまり人間的な接触が欠けている，と結論づけた。この研究（1945）によって，乳児が食べ物だけではなく母親との触れ合いとだっこ

を必要としている，という点が正しく理解されるようになった。
6. 『自我心理学Ⅱ：精神分析的発達心理学』(1979) において，ブランクとブランクは精神分析的発達理論の成熟について述べ，診断および精神分析的治療における自我心理学の重要性を明らかにした。また，境界例と自己愛的パーソナリティの治療についても論じた。
7. R・ブランク (1986) は，発達過程の中で対象表象の機能が自己表象に引き継がれることを指摘した。内在化とは，三段階の過程である。まず，選択された機能がコピーされる。次に，それが内在化され，最後には自己表象に委託される。この各段階を経るにつれて，次第に大きな自律性が獲得されていく。
8. 「終わりある分析と終わりなき分析」(1937) において，フロイトは，分析の限界について論じている。分析可能な素材は，過去から派生するが，それはまた現在にも影響を与えている。他方，まだ生じていないことは分析できない。分析が，後々の出来事に適切に対処する力を授けてくれるかもしれないが，後々の出来事が，さらなる分析が必要な状況を引き起こす場合もある。

　ブランクとブランク (1988) は，治療終結に対する分離個体化過程の意義を明らかにした。終結の際には，分析家との分離過程が生じるが，その過程で，未解決の分離の問題がどのように促進されるか，について論じた。
9. 神経症よりも低い水準の患者 (the less-than-neurotic patient) の診断と治療が発見されつつあった頃，すでにストーン (1954) は，彼らの特異な欲求に治療を合わせれば，そのような患者の中にも分析的手法で扱える者がいることを発見した。彼の提案は，多くの患者の分析可能性の範囲を拡張した。カーンバーグが高水準の境界例と呼んだ患者は，ストーンが分析可能な範囲に含めた患者とおそらく診断的に一致するだろう。境界例的病像を呈しているものの，十分に構造化されており，葛藤に耐える力のある患者は，たくさん存在している。ストーンは，彼らを分析可能な領域へと連れ込んだのである。

第5章

精神分析的対象関係論

　以前，私の担当編集者と英国対象関係論について話していた際に，「米国対象関係論というものはあるのですか？」と質問された。私はそれはないと答えた。つまり，あるとすれば，対象関係論を含みこむ全体としての分析理論があるのである。

　対象関係は，主流派の精神分析の主な概念の一つであるが，新しいものではない。1905年には，フロイトはもうそれを知っていた。たとえば，「子どもと両親との関係は，後の性的対象の選択を決定づけるものとして重要である。この視点に立てば，関係の障害が，成人の性生活に重大な影響を及ぼすことを容易に理解できる」(p.228)。1914年には，ナルシシズムについて検討し，「ここで次のような問いに，思いきって触れる必要があるだろう。それは，われわれの精神生活が，ナルシシズムの限界を越えて，リビドーを対象に備給するために必要なことは何かという問いである。……われわれは病に陥らないためには，愛し始めなければいけない。もし愛せなければ，欲求不満の結果として，病に陥らざるを得ない」(p.85)と書いている。フロイトは，子どもの依存的な愛（anaclitic love）とは，自分に食べものを与えてくれる女性への愛，守ってくれる男性への愛，両親の座を占める代理人たちへの愛であると述べた。

　「悲哀とメランコリー」(1917)の中で，フロイトは抑鬱を対象喪失に関連

づけた[1]。1921年には，自我と対象の相互関係について言及した。1923年には，対象関係が精神分析理論に必要不可欠なことを認めるかのように，「われわれはもはや，自我の対象への同一化から，一瞬たりとも目をそらすことはできない」と書いている (p.30)。

すでに指摘したとおり，対象との同一化の概念は後に拡張され，表象世界の一部となった。その表象世界は，種々の同一化の住む「場所」なのである。まさにこの同一化（identification）という術語は，イメージの中に他者がいたことを意味している。

葛藤理論の拡張

対象関係の次元を含みこんだために，精神分析理論はシステム間の葛藤（構造を形作る三審級のうちの二つの間の葛藤）だけではなく，システム内葛藤（intrasystemic conflict，自己表象と対象表象の間の葛藤）についての理論となった。

対象関係（あるいは諸々の対象関係）とは何か？

この問いは，それが文法的な悪夢であることをすでに示している。それは単数形だろうか？　複数形だろうか？　自我機能についていえば，それは単数形である。対象関係とは，他の点でも同様に厄介な術語である。対象関係とは，自己表象と対象表象の間の関係性の確立されたパターンである，という定義がもっとも有効である。また，二組の表象の間の相互作用であるとも表現できる。これによって，対象関係が内的に生じる活動であるという考えが確立された。

対象関係という用語は使い勝手が悪いものの，文献や分析家間のコミュニケーションの中に深く定着しているので，変えることはできない。しかし，変更が可能な場合もある。表象世界には，つねに相互作用し合っている二組の表象がある。そのため，単に対象関係というだけではなく，自己と対象との関係（self and object relations）という方が有益である。

対象関係性でないのは，なぜだろうか？

　対象関係性（object relationship）とは，内在化された対象関係パターンの対人関係への応用である。内的な側面やパターンは，外界での関係性が展開する形を決める。その意味では，関係性とは操作的術語である。

対象関係パターンは，どのように形成されるか？

　このパターンは，乳幼児や子どもの発達過程において，最初は母親的養育者との日々の情動体験を通して（後には，他者との日々の情動体験を通して）創り出される。子どもは，自我機能（認知，記憶など）などの生まれつきの能力を情動と共に活用して，この新しい実体（entity）（つまり，パターン）を創り出し，母親的人物と一緒に一つの関係を形成するのである。乳幼児や子どもの欲求は，相互作用の中で刻々と変化するが，子どもと調律の合う母親は，この変化する欲求を満たすように働く。この際の情緒のトーンが，対象と自己のイメージをつくる。発達するにつれて，最初のはかなくて，融合したイメージは，より分離し，より安定したイメージになっていく。

　この関係性は，初めは対人関係的である。情動体験から生まれる自己と対象のイメージ形成は，内在化によって促進され，それにつれて関係性は精神内界的なものとなり，やがてはかないイメージから，安定した表象へと育っていく。精神内界の自己と対象の間のやり取りや駆け引きは，個人ごとにユニークなパターンとして定着していく。対象関係の特異なパターンは，さまざまな他者との出会いの中に持ちこまれる。対象関係パターンが堅く固定化されたものなのか，それとも最初にそれらのパターンを創った一次的対象とは別の人々との違いを知ることによって変化する柔軟性があるか否か，これは非常に重要な点である。これについては，第6章で詳述する予定である。

この理論は，どのように活用できるだろうか？

　関係性の中で作動する対象関係パターンは，前言語的生活を「想起」する際の，一種の癖のようなものである。これらの「記憶」は，他者とのかかわ

り方となって生き続ける。そして，自己や他者に対する態度や行動を無意識的に方向づける。治療場面では，自己と対象関係パターンを理解し，そのパターンがどのように発生したかを知る手掛かりとして，態度や行動の査定がきわめて重要になる。治療者は，この「記憶」を用いて前言語的時期に起こった出来事を推察して再構成できる。

どのように治療の助けとなるのか？

　患者は確立された自己と対象関係パターンを，分析家（または治療者）との関係に持ち込んでくる。私たちは，このパターンが治療状況で使われることを，**転移**と呼んでいる。分析家に対する行動様式は，早期の体験の再現である。これは，よい体験の提供によって早期体験が修正されることを意味していない。そのように結論づけることは，論理的ではあるが短絡的である。扱っているものをよりよく理解できるようになるに過ぎない。早期の外傷体験には修正できないものもあるが，適応的な方法を見つけるように患者を援助することはできる。

　　ベーカー氏は，恐怖症のために仕事ができなくなり，精神分析的治療を受けていた。彼は治療者が休暇をとると悪化した（週末でさえ，悪化した）。分離不安を抱えている患者は多いが，ベーカー氏の場合は，極端であった。このことから，前言語期の生活が推察された。つまり，患者の母親は発達の重要な時期に不在だったのではないか，と治療者は考えた。そこで治療者は，「赤ちゃんの頃に母親と離ればなれになっていたことがあったかもしれませんね」と試しに言ってみた。ベーカー氏が年上のきょうだいに確かめてみると，生後5カ月の頃，母親は3カ月間も旅行にでかけていたことが判明した。
　　観察研究によれば，生後5カ月頃は，乳児が心の第二のオーガナイザーに近づきつつある頃である。つまり，**固有のリビドー対象**（libidinal object proper, スピッツ）への備給を達成しつつある時期である。この時

期，乳児は**分化**（マーラー）の過程にある。それは，分離個体化過程の四つの下位段階の第一段階である。不幸にも，乳児のベーカー氏が長い分離個体化過程に踏み出そうとしたとき，ちょうど母親の不在が生じた。子どもには，母親がやがて戻ってくることも，たとえ目の前にいなくても実は存在していることも，分かりようがないのである。

　対象関係の視点からみれば，自己と対象のイメージが形成され，平常ならば心の第二のオーガナイザーの達成に至る過程が唐突に中断されたのである。早期の外傷は，必ずしも修復できるとは限らない。この事例の場合，母親が帰宅した後，自己と対象のイメージの構築は再開されただろう。しかし，母親の不在を経験した子どもは，母親が戻って来てもすぐには懐かない。はじめは拒否し，しばらくしてから相互作用を再開する。これは損傷の修復を意味しない。ベーカー氏が他者との親密な関係を避けていたように，早期の損傷は後の人生に反映されるのである。初対面の際，彼の態度からはほとんど気づかない程度ではあったが，よそよそしさが見てとれた。妻からの情緒的接近をはねつけて，結婚を維持できなくなった原因は，ここにあった。

　ベーカー氏は，週末と休暇中のほぼ毎日，分析家に電話をかけてきた。それでも長期にわたる治療の末に，毎日は会えなくても分析家は存在しているのだ，とようやく信じ始めた。

パターンの柔軟性

　対象関係パターンは，堅く固定されていることもあれば，柔軟に変化しうることもある。それは，自我の発達（特に，自我の現実検討機能の発達）の程度による。自我の力が比較的発達しており，現実検討能力があれば，他人にはそれぞれのやり方があるという現実にあわせ，対象関係パターンを変えて他者とかかわり合える。私たちは自分のパターンを完全に変えるようなことはしない。対象関係パターンは，性格の一側面として残り続ける。

　自我の力が弱ければ弱いほど，現実検討能力も弱く，したがって，他者の

現実のありように合わせて対応を変える力も弱い。ここで，高校の物理の実験をアナロジーとして用いてみよう。鉄粉がまき散らされたテーブルの上に，磁石が一つある。鉄粉は磁石に引きつけられる。鉄粉を別の方向に引きつけるためには，より強力な磁石が必要になる。より強力な磁石とは他者の現実である。その現実が，既存のパターンを自動的に使おうとする傾向から患者を引き離してくれるのである。

自己は，生まれたときから存在するのだろうか？

これには議論がある。精神分析的発達論では，自己もしくは自己表象は，身体的誕生の3年後に生まれるとされている（Mahler et al., 1975）。しかし，自己は誕生時から存在する，と主張する者もいる[2]。この問題は重大である。自己が誕生時から存在するならば，発達の余地は少ない。発達は人生早期では速いペースで進み，その後はペースを落とし，緩やかに生涯を通じて進むと考える点に発達論的観点の主要な特徴がある。生後数カ月，そして，数年の発達の進展によって，ほぼ3歳頃に同一性が獲得される。

自己は誕生時から存在すると主張する者は，発達論的でない別種の理論に従っている。スターン（Stern, 1985）は，自分の立場を実験的に証明したと明言した[3]。しかし，カプラン（1987）は，スターンの実験計画の不備を指摘している[4]。

治療における対象関係の役割とは何か？

患者の対象関係パターンは，治療者への近づき方を決定する。見定めるべき重要な点の一つは，患者が治療者を分離した全体的な他者として体験しているか否かである。そうでなければ，どの程度まで自己表象を対象表象から分離できているかを確認しなければならない。

治療者たる者は，受信機（receivers）としても，またよく調律された器具（tuned instruments）としても訓練されなければならない。器具としての治療者は，葛藤や不安に対する古典的な防衛的反応と同時に，構造化の程度と対象関係

の水準をつねに測定しつつある。受信機としての治療者は，傾聴し，問題を心に記録する。臨床技能が向上するにしたがって，対象関係のパターン化こそ，すべての事柄の中でもっとも人間的なこと（患者にとって自分とは何を意味するのか？　そして患者にとって他者とは何を意味するのか？）を突きとめるための確実な道であることが明らかになるだろう。分かってもらえるだろうか？　私は，まさに愛する能力について述べているのである。

〈原 注〉

1. 「悲哀とメランコリー」（1917）において，フロイトは，正常な喪（mourning）と抑鬱を区別した。喪の場合，世界が冷たく空っぽにみえる。抑鬱の場合，自己が冷たく空っぽに感じられる。
2. コフート（1971）は，自己愛についての理論を提示した。彼は，自分の理論がフロイトの研究だけを継承したものである，と主張している。自我心理学者たちが同時代を生き，その研究が時代の主流を占めていたにもかかわらず，コフートは，自我心理学者たちの貢献を無視している。彼の自己愛理論は，自己愛の発達が正常な方向にも，逸脱した方向にも進みうることを示している。そのような自己愛の「形態と変容」は，転移の観察によって見て取られる。

    『自己の修復』（1977）において，自己心理学が生まれた。それ以前のコフートは，主として転移に反映される病的自己愛を扱っていた。今や彼の理論は拡張され，正常発達を取り込み，自己の理論にも手を伸ばすに至った。理論発展のこの時点で，自己心理学と自我心理学は，別々な道を歩むことになった。
3. スターン（1985）は，マーラーの研究の跡をたどり，彼女の考えに反駁した。彼は，自己心理学のための発達理論を提示しようとしたのだろう。自己心理学は児童観察のデータを欠いていたので，彼はそのデータを提供しようとした。しかし，彼の方法論は，多くの論争を招いた。赤ちゃんが最も強い警戒態勢をとるような実験室で赤ちゃんを観察したからである。そのような観察時間以外の赤ちゃんは，むしろ母親との相互作用の中で，母親と自分を融合したものとして体験しているようである。それこそ，マーラーが赤ちゃんだけでなく，母親と赤ちゃんのペアを観察したときに発見したものであった。自己心理学のために理論を提供する目的で，スターンは誕生時から自己が存在すると主張した。他方，マーラーの発見によれば，身体的誕生から心理的誕生（対象表象から分離した自己表象の獲得）までには，およそ3年を要する。特定の目的のために探しだされ，アプリオリに導きだされた結論が，妥当であると認めてよいかどうかは，科学的観点から検討

されなければならない。
4. カプラン（1987）はスターンに反論し，スターンの方法論に疑問を呈した。スターンは，実験室の中で，もっとも警戒（alert）しているときの赤ちゃんを観察した。それは，誕生時から自己が存在することを証明するためであった。カプランは，家庭での赤ちゃんと実験室での赤ちゃんには違いがある，と主張している。「家庭」の赤ちゃんは，マーラーの記述したとおり，母親と融合しているような様子だが，他方，実験室の赤ちゃんはむしろ警戒気味である。そのため，分離した自己の存在が実証された，と誤って信じ込まれたわけである。

第6章

転　移

　フロイトは精神病理を，分析可能な転移神経症と分析不能な自己愛神経症の二つに分けた[1]。これは，先見の明のある分類であった。彼は発達理論を使うまでに至らなかったが，今日的な分類に接近していた。今日では，外来患者の精神病理は神経症と境界例に，つまり構造論的視点からみれば，構造化されているか，十分に構造化されていないかに分類される。分析家ないし治療者がどのように転移を扱うかは構造の質によって決まる。なぜなら，どんな種類の転移に手を加えるかは，構造によって決まるからである。

転移の定義
　転移にはいくつかの定義がある。もっともひろく認められている定義は，「一次対象に向けられていた元々の感情・態度・行動を治療において反復し，治療者に投影して置き換えること」である。フェニヘル（Fenichel, 1931）は，さらに簡略である[2]。彼によれば，転移とは現在を過去と取り違えることである。この定義は，ここでの議論にとって意義がある。構造化された患者は，現在と過去の差異を見分ける能力をもつと考えられるが，十分に構造化されていない患者ではその能力が欠けていると考えられるからである。別の言い方をすれば，構造化された患者の現実検討力（自我機能の一つである）は無傷であるが，十分に構造化されていない患者の場合は現実検討力にある程度

の欠陥がある。

　発達的視点からみれば，転移とは，自己表象と対象表象のパターン化された関係性の展開である，と定義できる。このパターンはつねにすべての個人の中にあり，転移として生ずるだけでなく，他のあらゆる関係の中に現われてくる。多くの研究者が，転移は遍在すると述べている。

　この定義からすれば，投影と置き換えはもはや転移のもっとも重要な特性とはいえなくなる。むしろ重要なのは，構造化の程度，対象関係パターン，現実検討の能力なのである。

投影とは何か？

　投影によって，内的なものは外側から生じたかのように体験される。ジェイコブソンは，投影の定義の修正を提案した。彼女は，十分に構造化されていない大人や乳幼児には内界と外界の明確な区別が存在するのだろうか，という疑問を投じた。そして，自己と他者の間にしっかりした境界がなければ他者に投影することもできない，と論じた。この議論によって，発達的視点からみた転移の再定義が求められた。

置き換えとは何か？

　置き換えは防衛機制である。転移との関連から見れば，置き換えとは，一次対象に対して感じた情動・態度を現在の分析家に対して体験することを意味する。これは，過去に属する感情・態度・行動の集り（クラスター）の存在を示唆している。そして，この集りは，パターンを形成しているはずである。このパターンは自動的に作動するので，ここでコンピューター用語を用いるならば，プログラムと呼んでもよいかもしれない。

　置き換えの機制は，他者とかかわり合う際に過去の固定した関係パターンを用いる。このパターンは，その相手には必ずしもそぐわないものである。これは，現実検討力の欠陥（あるいは一時的停止）があると，個人は過去と現在を混同するだけではなく，現実を無視して，固定したパターンに従って

現在の対象を扱ってしまうことを示している。

退行について

　退行は，転移において重要な役割を果たす。欲求の圧力によって，患者は退行する。充分に有能な自我をもつ人は，「自我のための」退行をする。そして，しかるべきときに退行から回復できる。たとえば，分析の後，現実世界へ戻れる。

　十分に構造化されていない患者の退行は，もっと深刻な問題である。そのため，可能な限り抑制されなければならない。このような患者はすでに低い発達段階にあるので，通常は退行よりも進行（progress）する必要がある。こうした症例では，退行からの回復の可能性は当てにできないことを，つねに心に留めておくべきである。

転移における構造の役割とは何か？

　構造化の程度は，治療者（あるいは分析家）に対応する際に用いられる対象関係パターンが硬直しているか，それとも，現実を考慮して柔軟に変更できるかに影響を与える。構造化はまた，転移の解釈が可能か不可能かも決定する。構造化された患者の転移は，タイミングがあえば解釈可能であるが，十分に構造化されていない患者の転移は解釈できない。

　構造化された患者は有能な自我を持ち，ほとんどつねに現実検討機能を使っている。たとえば，患者は転移の真っ最中にあるときは別として，分析家が父親のように見えるとしても，実際には父親でないという現実を認識できる。タイミングのよい解釈によって，患者は過去と現在の混同を自覚する。現実検討の障害はないので，患者は解釈を利用して，現在と過去を区別できるようになる。

　他方，十分に構造化されていない患者は，厳密にいえば，過去から現在への転移物とはいえない関係性を治療者との間に形成する。正確にはその関係性を転移と呼ぶべきでないが，この術語が一般的に用いられているため，こ

こでは変えられない。一方に，過去から現在への転移があり，他方に自己と対象関係の早期パターンの永続化（perpetuation）がある。私はこのように区別して考えた方が正確であり，かつまた患者に適切に調律する上で有益であると思う。

　十分に構造化されていない患者は，分離した自己表象の発達の失敗が持続しており，そのことで苦しんでいる。この永続化のために，自己表象と対象表象の区別が不完全である。これは，普通ならば心理的誕生を達成する過程で解決しているはずの発達課題である。そのため，治療者をある程度までは自己表象の一部として体験している。過去と現在の差異の指摘（つまり，転移の解釈）は，このような構造の人には有効ではない。過去が現在を支配していることが，十分に構造化されていない患者の転移が解釈不能な原因である。

不安の役割とは何か？

　構造化された患者に現実検討を一時的に停止させるのは，通常，不安である。しかし，このような患者では，この機能が完全に失われるわけではない。十分に構造化されていない患者では，不安に耐える力が弱く，そのため，馴染みの自己表象や対象表象にしがみついてしまう。どの程度の現実検討力が獲得されているかは，対象表象との脆弱な結びつきを維持しようとする特徴的な努力に表われる。そのような状況で，解釈を試みても，それは患者に打ち負かされてしまうだろう。患者は十分には分離されていない対象表象をいっそう必死になって維持しようとするからである。患者は融合したままの自己表象と対象表象を保てなければ，対象喪失と自己喪失という深刻な代償不全（decompensation）に陥る。

それでは何をするべきか？

　構造化された患者の転移を扱う際には，患者が転移を丸ごと体験するために，しばらくは「取り違え」をそのままにしておく方が望ましい。そのような患者の場合は，安全である。しかし，十分に構造化されていない患者の場

合は，安全ではない。そのようなやり方は，患者を現実世界へと導かずに，非現実を持続させてしまうからである。

　十分に構造化されていない患者は，現在を過去と取り違えているのではなく，むしろ，過去に生きている。そのため，間違いを犯しているとは感じないし，その点を指摘した解釈を消化できない。過去の永続化を許すことも，得策ではないが，患者のしがみついている対象表象を取り上げることも適切ではない。そのため，治療者は多分にジレンマ状態に陥る。一番安全で生産的な方法は，解釈を可能にする構造の形成である。つまり，過去と現在を区別できる自我の育成である。言い換えれば，治療者は患者がより堅固な境界を確立できるように援助し，それによって構造を形成する。この技法は，マーラーの境界例患者についての定義に基づいている。彼女は，境界例を分離個体化過程の遂行に失敗した人とみなしていた。

臨床例

　十分に構造化されていない30代の男性患者。彼は自分が赤ん坊のように感じる，と言う。彼は長身でがっしりしており，どう見ても成人男性である。他方，治療者は比較的小柄な女性である。彼は「ボクは赤ちゃんなので，先生のお膝に座りたい」と求めた。現実が見えなくなり，物理的に不可能なことを理解できないのである。治療者は「もしあなたが本当に赤ちゃんだったら，抱いてあげるんだけど」と応じた。

何をしたのか？

　まず，していないことについて述べてみたい。患者は治療者があたかも母親であるかのように扱っている。その点を治療者は解釈していない。母親ではない，という事実さえ指摘していない。この構造化の水準では，このような解釈は有効でない。

　解釈でなく，介入が行われた。つまり，彼の願望を馬鹿にはせず，彼の損なわれた現実検討力を扱ったのである。仮定法で表現することによって，彼

の願望を可能性の世界から取り除くと同時に，赤ん坊の抱く願望としては妥当であることを認めた。彼の願望をこのような道筋の上に乗せてあげることは，同時に，彼自身を時間的に方向づけることでもある。すなわち，彼は赤ん坊の欲求をまだ持っているけれども，もはや赤ん坊ではないのである。

一者か？　それとも二者か？

　転移は，治療状況における対象関係パターンの展開である。それは，治療がその中で遂行される不可欠な文脈である。転移の重要性を理解しておけば，治療者は転移現象が逆転移によって汚染されずに自由に演じられる，澄んだ領域を維持できる。

逆転移は，どのように扱われるべきだろうか？

　これまで逆転移は，理想的な治療状況にはあってはならないかのような否定的な意味づけをされてきた。それは，もちろん間違いである。私は，治療状況には二者が存在することを強調してきた。治療者も分析家も，思考・幻想・情動を持った人間である。そして，どの患者も強い影響力を発揮する。ここでは，その影響の取り扱いについての技法的問題を論じたい。もし患者に対して強い反応を感じたら，治療者のなすべきことはまず自分自身をよく検討してみることである。この強い反応は，患者に無関係な治療者自身の問題から生じているのだろうか？　それとも患者が注入したのだろうか？　この相違は非常に大きい。もし治療者の個人的反応ならば，患者を巻き込まずに分析する必要がある。独りで分析するのが困難ならば，他の分析家かスーパーバイザーの助力を求めるべきである。

　逆転移をもっとも有効に利用するためには，患者が注入してきたものを理解しなければならない。患者は誘惑しているのだろうか？　治療者の怒りを引き出そうとしているのだろうか？　それとも治療者を眠らせようとしているのだろうか？　治療者に生じる反応は，必ずしも一々その場で解釈する必要はない。治療者は，患者の理解のためにそれを役立て，進行中の治療過程

の中にうまく織り込んで，もっと大きな問題の部分として解釈する。

　たとえば，誘惑的な患者は，親との関係を反復する接近の仕方で対象関係を利用する。そう理解することによって，分析家は患者の幼時期の状況がどんなだったか，その匂いを嗅げるだろう。それは，患者を援助して，現在では必ずしも適当でなくなった状況の中にこの対象関係パターンを持ちこんでいることを，患者に気づかせるために利用できる。

　怒りの反応を引き出そうとする患者もいる。ここでも，それは対象関係パターンについて何かを教えてくれる。もちろん挑発には乗らない。また，「私を怒らせようとしていますね」という単純な解釈も有効ではない。それより，これは親密さへの防衛なのかもしれないとか，あるいは，両親から反応を引き出すために必要な煽動方法だったのかもしれないとか，種々の理由を考えてみる。

　治療者の眠りを誘う患者もいる。彼らは単調な調子で話すため，治療者は眠くなる。まず，治療者自身が本当に眠いのか否かを確かめる必要がある。ある患者が，このような話し方を午前中にした。いつもならば元気で機敏な時間帯である。分析家は，眠くなった原因について考えた。そして，患者が自分を寝かしつけようとしていることに気づいた。そして，そうする必要性についてじっくり考えてみた。もっともよい仮説は，患者は治療者の情動を恐れていたこと，そして，その情動が和ぐと安心していたことであった。この仮説によって，分析家は患者についてより理解しやすくなった。これが理想的な逆転移の利用方法である。もちろん，この理解をすぐに患者に伝える必要はない。解釈は，つねにタイミングを計ってなされるべきである。

　ここで伝えようとした逆転移についての姿勢は，今日の分析家がすべて同意しているわけではない。患者の振舞い方を本人に解説するために逆転移を利用すべきだ，と提唱している者もいる。私はそれに同意しないが，その理由は，行動の直面化は，十分には成功するものではないし，また，あたかも私たちが，人間とはどのように振舞うべきかについて，患者よりよく知っていると思っているかのような印象を与えてしまうからである。その場合，直

面化は侮蔑として受け止められかねない。あるいは，批評的・判定的・否定的な印象を与えるかもしれない。それでは，変化を生じさせるような効果は少ない（あるいは少しもない）ことになる。行動が変化する患者もいるかもしれないが，その場合には私たちは別の問題に行き当たることになる。精神分析的療法における行動の変化は，自分がなぜそのように行動（それには防衛的な意味があるかもしれないし，対象関係パターンが元になっているのかもしれない）をするのかについての洞察から生じる。精神分析の治療目的は，防衛を理解し対象関係パターンを変えることにある。これは，単なる行動の変化よりも意義深い，と私は信じている。

　転移と逆転移の利用は，以下の精神分析理論に従ってなされるべきである。すなわち，精神分析療法の主な目的とは，構造を変化させること，欠陥のある構造を形成し直すこと，基本的な対象関係パターンを変えること，そして，それらの下にある防衛や葛藤を扱うことである。

〈原　注〉

1. 「感情転移の力動性について」(1912) において，フロイトは「なぜ転移が強い力をもっているのか？」という問題について検討した。彼の答えは，転移が早期の対象愛への退行を表しているから，というものであった。また，抵抗としての転移についても論じられた。抵抗とは，分析家にとって治療を困難に陥れる問題である。しかし，転移は，患者が忘れていた愛情などの情緒を明らかにする，とも述べている。
2. 『精神分析技法の基本問題』(Fenichel, O., 1931) は古典であり，精神分析技法の標準的教科書である。自我心理学以前に書かれたため，その後，技法論には多くのものが付け加えられてきた。しかし，今日でも技法についての基本文献であることに変わりはない。

第7章

記述的発達診断

　この章では，精神分析的な発達診断について論ずる。それは，『DSM 精神疾患の分類・診断の手引き』（American Psychiatric Association, 1994）とは異質な診断である[1]。発達診断は，DSM と同様に症状を考慮に入れるものの，症状に依拠するものではない。異なった構造においても，同じ症状が発現しうるからである。

　治療の方向性を決めるためには，診断が必要である。私は，これは分かり切ったことであると，長い間考えてきた。しかし，分析家や心理療法家をスーパーバイズしているうちに，当面の主訴以外を知らないままに（熱心さがゆえに）治療開始する治療者もいることに気がついた。

　精神分析的な発達診断とは，患者の構造，自己と対象関係の水準，防衛，葛藤，発達上の損傷などを正確にとらえることである。構造を評価することの大切さを強調する理由は，分析するべきか，それとも構築するべきかを見極めるためである。神経症的構造の場合は分析するべきであり，境界例の場合は構造を構築するべきである。診断過程は，**査定**（assessment）あるいは**評価**（evaluation）とも呼ばれる。私は，**診断**（diagnosis）の方がより正確であると思う。そのため，この術語を好んでいる。

症状は診断を告げてくれるだろうか？

　症状は，あてにならない。分離の程度や構造の水準は，症状のようには楽に特定できない。身体医学においては，症状は診断のための確かなガイドである。しかし，そこですらつねに確かなわけではない。よく知られているように，頭痛は，緊張から脳腫瘍までのさまざまな疾患に生じる症状である。精神病理学においては，問題はより複雑になる。強迫症状は，そのよい例である。それは，神経症における妥協形成を意味しているかもしれないし，精神病の発症に対する防衛かもしれない。あるいは，境界現象の一部かもしれないし，それほど極端でない場合は，正常範囲の几帳面さに入ることもある。

症状は，どのように誤診を引き起こすか？

　ある発達水準の患者二人が来談したとしよう。一方の患者の問題は，その水準で発達が滞っていることにある。他方の患者は，より高い発達水準まで到達しながらも，不安を防衛するために低い水準に退行していた。彼らは同じように見えるかもしれないが，それぞれの治療計画はまったく異なる。固着した患者は十分に構造化されておらず，現在の到達点を超えて発達する方向での援助を必要としているだろう。他方，退行した患者は構造化されており，退行を防衛として利用している。構造化された患者を退行した水準で治療したならば，患者を幼児扱いすることになるだろう。

患者は戻ってくるから，リラックスしなさい

　治療者は，しばしば治療の開始を急ごうとする。その理由は，ラポールを作り，治療の香りを嗅がせれば，患者が次回も来談してくれるだろう，という目論見にある。経験を積めば，このように患者を抱え込もうとする方策は不必要なことが分かるようになる。患者の抱えている問題そのものが，再来を動機づけるだろう。

発達診断

　すでに述べたように，ここで論じているタイプの診断は，1回限りで済むものではない。しかし，治療開始時点で，分析可能な（構造化された）神経症患者であるか，（十分に構造化されていない）境界パーソナリティであるのかを区別することは重要である。少なくともその点を見定めることによって，適切な治療計画が立案できるだろう。

　神経症患者は，少なくとも週4回の面接スケジュールで分析できる。一部のタイプの境界例患者は，このような頻度の密接な関係に耐えられない。そのような患者とは，週2回あるいは3回の頻度で会う。週1回の治療が，診断上の理由のためではなく，簡便性のために流行している。私は，週1回の治療を好まないが，非常に混乱した患者（低水準の境界例）の場合は例外である。このような患者の発達は難しいので，そのため，これ以上の退行を防ぎ，現時点の水準を維持する必要がある。

診断は一度限りのものか？　それとも，永続的なものか？

　診断は，治療過程を通して継続される。新しい情報が追加されれば，治療方針すら変更されることもある。私の言わんとするところは，診断と治療は手と手を取り合って進展していくものである，ということである。治療が終結するまで正確な診断は分からない，とすらいわれている。これはパラドクスに聞こえるかもしれない。しかし，患者のすべてを一度に知ることはできないし，全治療経過を通して新しい分析素材が登場し続けることを考慮すれば，納得できるだろう。治療そのものによって複雑な事態が新たに加わってきて，診断はよりよいものへと変化していく。したがって，すぐれた治療ならば，診断は変化し続けるはずである。

発達診断とは何か？

　まず，発達診断ではない診断について述べておこう。発達診断は，DSM的な診断とは異なっている。DSMは，統計的目的のために考案された診断

である。つまり，調査票や保険の書類にコード番号を記入するために作られている。DSM は，患者の発達については何も語らず，症状について語るだけである。したがって，治療のガイドにはならない。

　他方，発達診断は，患者の生活史を縦に眺め，患者がどのように発達してきたのかという点と，患者の自我がどのようにライフイベントに対して適応してきたのかという点を総合的に考える。特に，患者が到達あるいは退行している構造の水準に注目する。また，葛藤の性質，情動の適切さ，自己と対象関係の水準についても関心を払う。患者が，分離した全体的他者として治療者を体験しているか否か，という点を吟味することも非常に大切である。なぜならば，それが分離個体化過程の完了の目安だからである。

分離とは何を意味するのか？

　分離とは，必ずしも物理的分離を意味しているわけではない。特に幼児期には，分離した生活を営む備えはない。分離とは，自己像をしだいに区別できるようになっていくことである。分離した同一性を形成するまでは，自己像と母親的養育者のイメージは融合している。マーラーが分離をプロセスとして記述した理由は，そこにある。おおよそ 3 歳くらいに心理的誕生が生じるが，その頃までに，自己と他者のイメージが分離し，安定した表象となる。このような発達と関連し合いながら，構造化と対象の内在化もまた進展する。

何を探すべきか？

　発達と構造化の水準を特定するためのガイドを提示しよう。与えられたケースごとに，このガイドに掲げたすべての基準を照合する必要はない。治療者は，経験を重ねることによって，このガイドを選択的に利用できるようになる。二つか三つの発達的問題を探し出せれば，その発見に助けられて，どのように治療を開始すればよいかが分かるだろう。治療者は，つねにこの基準に留意しているべきである。基準に符合すれば，そこで仮説が生まれるが，それは仮説に過ぎず，治療の展開につれ，情報がさらに加えられるので，

その仮説は何度も変更されるだろう。

発達的基準

- 欲動が，有能な自我によって導かれている。この意味するところは，自我は誕生後にいくつかの段階を踏まえて成長し，充分な強さを備え，欲動を制御できる地点にまで到達している，ということである。
- 思考が，試行活動（trial action）として利用されている。その結果として，欲動は，行為の遅延（delay of action）や判断などの自我機能に支配され，適応的に機能する方向へと導かれる。
- 自我は，フラストレーション，葛藤，不安などに耐える力を持っている。
- 自己観察する力がある。
- 自我は，組織化する力を持っている。また，新しい要素が加わってきた場合は，再組織化する力もある[2]。
- 表象世界が確立されている。
- 対象関係は，二者関係ではなく三者関係の水準にある。エディプス水準に到達している。

エディプス葛藤は病気だろうか？

　フロイトは，エディプス葛藤が神経症の中核的葛藤である，と指摘した。神経症は病気であるが，エディプス葛藤は高い水準の発達を意味している。すでに述べたとおり，エディプス葛藤は，葛藤と不安に耐える強い自我と，構造化の目印である。

　正常な発達過程では，子どもは**分離個体化**の過程をうまく切り抜けて心理的誕生を達成すると，エディプス水準にも到達できる。このことは，エディプス葛藤も正常な発達段階の一つであることを意味している。フロイトが指摘したとおり，神経症の場合はこの葛藤が解消されていない。そのため，エディプス葛藤は病気なのかという問いが生じるのである。

エディプス葛藤は解決できるだろうか？

　現在私たちは，エディプス葛藤の解決は，多くの時期を経て進むものと考えている。幸運な場合は，最初の時期で充分に解決されて，子どもは潜伏期へ入っていくことができる。エディプス葛藤は青年期になると再び出現し，その解決のためにもう一時期を経なければならなくなる（Blos, 1962）。われわれは，結婚がさらにもう一つ別の時期となる，と指摘した（Blanck and Blanck, 1968）。このように，エディプス葛藤の解決は，おそらく一生涯続く過程なのである。

患者の発達は，全面的に立往生しているのか？

　発達は，けして全面的には停止しない。発達のいくつかの側面に欠陥があるかもしれないが，それでも，発達の力は働き，その傷害を包み込んで前に進もうとする。幸運な場合は，問題点は克服される。マーラーは，再接近期が適切なものであれば，前の諸段階のもたらした不適切な結果は修正され得る，と考えていた。しかしすでに見てきたように，ベーカー氏の場合は，早期の心的外傷を修復できなかった。だからといって，マーラーが間違っていたわけではない。ベーカー氏の再接近期は，けして適切なものではなかったのだろう。

転移から何が分かるだろうか？

　患者が私たちと会う前から，すでに転移が形成されていることもある。患者は，電話で申し込みをしようと考えている最中に，治療者がどんな人であってほしいかを想い描く。そのイメージは過去の体験に基づいており，すでに転移の形成過程の一部をなしている。最初の電話によって，この治療者イメージは強化されるか，変更されるかする。こうしたことが，転移は遍在する，といわれる理由をよく表している。人間は，誰に対しても自分の対象関係パターンを適用するものなのである。

　治療状況は，特殊な形にしつらえられている。そのため，治療者との触れ

合いが増えるにしたがって，転移はより特異的なものになっていく。治療者は，両親の一方（あるいは，両方）と似通い始める。その原因の一つは神経症的構造であり，もう一つは治療において生じるコントロールされた退行である。治療状況は，あえて不平等にしつらえられている。すなわち，一方は助けを必要としており，他方は**親の立場にある**（in loco parentis）とみなされている。これは現代社会においては，政治的な差別主義的立場にみえるだろう。しかし，科学においては，政治学や社会学的スタイルの出る幕はない。

　通常，患者が治療の中へ充分に深く踏み込んだ後に，転移の活用が可能となる。にもかかわらず，まさに最初のセッションにおいて（時には，最初の電話においてすら），治療者に対する接し方を詳細に検討すれば，特に，対象関係の水準について，とても多くのことが分かるものである。

どのように診断にとりかかるべきか？

　診断の経験を積み重ねながら，私たちは独自の方法を見つけ出した。まず，ある程度の無構造な時間を患者に与え，そうやって，患者が自分の物語を自分なりに語れるようにしてやる。私は，発達，構造化の水準，葛藤の質などの手がかりを探しながら傾聴する。情動は話題の内容に適合しているか否か？　そして，分離した全体的他者として私を扱っているか，それとも自己表象の一部として扱っているか？　それらの点を見極める手がかりを見つけ出す。

　しばらくしてから，患者が語っている間に私の心に浮かび上がってきた質問を投げかけることによって，セッションを構造化し始める。そして，上述した発達的基準をチェックしていくのだが，その際には，すべての診断上の問いに，必ずしも答えが得られるわけではないことも，心に留めておくべきである。

〈原 注〉
1. 『DSM 精神疾患の診断・統計マニュアル』は，診断のための基本的手引きであり，統一された診断コードを用意している。これは管理と統計のためには価値があるものの，治療のためのガイドにはならない。その理由は，DSM の無理論性にある。DSM は，構造ではなく症状によって診断している。
2. ランゲル（1986）は自我機能のリストを拡張し，さまざまな自我機能を総合する機能を自我に与えた。この機能は，他の自我機能よりも上位のものである。それは，自我組織全体のまとまりを監視する執行部的機能である。

第8章

治療の開始

　本章では，治療の開始時に心理療法家が遭遇する問題について論じる。精神分析の場合，患者は分析に同意している。したがって面接室にいることへの両価的な気持ちという最初のハードルはすでに克服してしまっているので，心理療法ほど開始時に大きな問題に直面することはない。しかし，患者のこの両価的な気持ちはなくなってしまうものではない。むしろ，治療者は，治療過程の一部として抵抗が生じてくることを予期している。ここでは単に心理療法と精神分析では，開始の事情が異なることを指摘しておきたい。

　治療の開始にあたっては，治療の障害や制約となるものについて知っておく必要がある。これらは患者の内部からだけでなく，外的要因からも生じる。特に今日では，外部から治療者にさまざまな制約が加えられ，これが本来ならば治療者と患者の二人の間でなされるべき決定を妨げている。このような制約の多くは，通常，クリニックの方針やスーパーバイザーからの要請である。現在，もっとも扱いにくい制約は，第三者の料金支払機関が課してくるものである。

　患者側の制約は，両価性に起因する（抵抗は別問題なので，分けて扱いたい）。迷わずに治療に来る者は，まずいない。そして，両価性の程度は一人ひとり異なる。治療者は，事例をよい方向に向けるために，その扱い方を心得ておくべきである。

患者の候補

来談者の多くは，これから心理療法を受ける候補者（prospective psychotherapy patients）であり，まだ本当の意味での患者ではない。彼らはさまざまな問題を抱えて心理療法家を訪れる。治してほしいと願って来談する者もいるが，両価的な気持ちを懐いている者の方が圧倒的に多い。通常治療者は，患者の躊躇いに気づいても，問題の切迫性の方が両価性の否定的側面よりも勝っている場合は，治療に踏み出せる。意識的に助けを求めている患者は，無論，治療を開始できる。否定的な側面は，後で治療の材料となるだろう。

不本意な候補者

不本意ながらしぶしぶ来談する者もいる。そのような人の治療は困難だといわれている。しかし，私は，困難な患者が存在するとは思わない。つまり，彼らの理解し難くさの要因は，われわれの側にあるに過ぎない。「本当は来たくなかったのです」とはっきり言う者もいる。それは，彼がまだ患者ではなく，配偶者・聖職者・教師・雇い主などから「行け」といわれて来談したからである。「では，どうしていらしたのですか？」とあからさまに問い返したならば，患者に帰ることを勧めるようなものである。まず，彼がここにいるという事実に重きを置くべきである。患者は，「来たくない」という気持ちに逆らって，治療に現れたのである。このような状況では，機会は唯一回しかないだろう。この好機を逃してはならない。

不安による制約

患者の候補は，冒頭から制約について宣言するかもしれない。たとえば，「私はほんの少し助けがほしいだけなのです」。治療者は特殊な聴き方を工夫する。つまり，少しばかりとだけを省けば，「助けがほしいのです」が残される。実際には，患者は不安のために「急かさないでください」と言っているのである。治療者は「ご希望の範囲でやっていきましょう」と応える。こうすれば本人の手にコントロールを委ね，患者にあったペースで治療を進めること

ができる。

早く踏みだそうとし過ぎる危険

　候補者が予約をとり，それを守って受診するようなときには，治療者はきわめて安易に未だ動機づけられていない者との治療を開始してしまう罠に陥りやすい。これは治療的熱意によって実にしばしば起こることである。本当は決断しかねている患者の気持ちをはるか後ろに置き忘れて，治療者が先走ってしまうのである。もし患者の同意も積極的参加もないままに治療が開始されれば，恨みと憤りが生じるだろう。そして，治療は突然に中断するかもしれない。

それでは，どうすべきか？

　患者を必要としてはならない。これは，少し奇妙な言い方に聴こえるかもしれない。このような患者を求める気持ちが，消極的な患者に伝わると，治療なんか受けないでおこうという気にさせてしまうかもしれない。関心を表すべきでない，という意味ではない。後のダイアローグで例示するとおり，その人がどのように感じているかに関心を払うべきである。どんなに消極的に振舞っていても，「来談した人が助けを求めている」ことは確信してよいだろう。

　「どうすべきか？」という問いに端的に答えるならば，それは情動をつかまえることである。

「送りつけられた」候補者

　最大の問題は，送りつけられた患者である。たとえば，ある男性が，「どうしたらよい父親になれるかを教えてほしくて来ました」と述べたとしてみよう。彼は，妻から「子どもたちに対してよい父親ではない」と指摘されて，来談した。治療者は，以下の2点に注目する：(1) 彼は，問題を自ら「認めて」いるわけではないこと，(2) 自分を従順に見せていること。そして，以下の

ように自問してみる。彼は，妻に言われるままに来談したのだろうか？　それとも，渋々きたのだろうか？　ただ「行ってきたよ」と妻に言いたいだけなのだろうか？　よい父親でないことに悩んでいるのだろうか？　治療者がその部分に触れられるだろうか？

してはいけないことは，何だろうか？

　訴えを額面どおりに受け取ってはならない。妻は，彼がよい父でないと断定している。その断定に乗って，彼をよい父にしようとしたならば，治療の開始は芳しくないだろう。彼がどう感じているかについて問うべきである。「ここでは，あなたがどう思っているかについて話し合いましょう」と言えば，彼がどれだけ悪い父親か，というテーマから力点をずらすことができる。彼の物語に耳を傾けながら，彼がどのようなことに悩んでいるかを探す。

> 患者の候補：妻があんまりガミガミと言うので，それを止めさせたくて来ました。
> 治療者：奥様に悩まされて，とても重荷ですね。
> 候補者：そんなふうに考えたことはありませんでした。でも，おっしゃるとおりです。ともかく，「行ってきたよ」とは言えます。
> 治療者：あなたにとって，それで問題は終わりでしょうか？（妻の視点から切り替えて，本人の感じ方に水を向ける）
> 候補者：いいえ，またガミガミと言ってくるでしょう。
> 治療者：どうしてそうなるのでしょうか？
> 候補者：え〜と，いつも妻を満足させてはいませんから……。
> 治療者：あなたにとって，不愉快でしょうね。
> 候補者：私がそれほど悪い父親だとは思いません。子どもたちにはけっこうかまってあげていますから……（彼は，治療者が自分の欠点を探し出そうとしていないことを理解した）。
> 治療者：（彼が自分の感じ方に言及した点を利用して）あなたは自分自身

について「これでよいのだ」と感じていないようですね。
候補者：え〜と，妻を喜ばせたいと本当に望んでいるのですが，どうしてもできないのです。
治療者：それならば，来談されるのは大変だったでしょうね〜，私にも批判されると思っていたのでしょうから……。
候補者：違うのですか？
治療者：苦しい立場のあなたのお手伝いをしようと思います。奥様とうまくやっていきたいと望んでいらっしゃるのは確かですね。そんなに「批判されている」と感じなくなれば，もっと生きやすくなるでしょうね（とがめられるのではないか，と彼が感じている部分を焦点から外す）。
候補者：そうなれば，ホッとします。
治療者：もしよければ，御一緒にその方向へむけて努力してみましょう。
候補者：試しにやってみます。

何が起きたのだろうか？

　候補者は，「患者」になった。どのような方法でなりえたのだろうか？妻が問題にしている線を，治療者が受け入れることはしなかった。妻がどう感じているかから，患者がどう感じているかに問題を方向づけし直した。本人の感情への注目が潮目を変えたのである。

　治療が進めば，「自分はさほどよい父親ではなかった」と彼自身が感じるようになるかもしれない。治療者は，父親としての感情をもてるように彼を助ける存在である。治療者をそのような存在と認められるまでは，とやかく言われたくないだろうし，さほどよい父親ではなかった，と認めたくもないだろう。彼は，しだいにこのような探索に興味を抱くようになっていく。その結果，たとえば，父親との相互作用を通して内在化される，堅固な自己表象を持っていないことが明らかになるかもしれない。

　素人は，これを「役割モデル」の欠落と呼ぶ。それは浅薄に過ぎる。他人

を自分のモデルにすることは，内在化を欠いたコピーに過ぎない。**同一化**という術語を使ったとしても，親のしたとおりにしかできなくなるという意味ではない。同一化はつねに部分的であり，（ジェイコブソンのいうとおり）選択的である。親の特性は選びだされて，組み合わせられるのだが，そこから本人自身が何かを創造するのである。

　ここで検討している事例の場合，患者は自分の父親を責めていた過去に連れ戻されなければならない。そして，父親としての役割をとっている自分の気持ち（つまり，子どもたちに対する自分の感じ方）を扱わなければならない。非難されそうもないと分かれば，この事例は進展するだろう。

治療者の不安

　挑戦的な患者を受け持とうとするとき，治療者は特に不安になやすい。1950年代，ロバート・ナイトは，境界状態のパイオニア的治療を行っていたが，その当時，境界状態のことはあまり知られていなかった[1]。彼は，自分が指導していた病院での困惑した経験について書き残している。それによると，彼が廊下を通りかかった際，治療室のドアが開けっ放しになっており，そこに不安そうな二人がいた。彼はどちらが患者で，どちらが治療者なのだろう，と胸に問い，白衣を着た方が治療者のはずだ，と気づいたという。

外側からの制約

　第三者の料金支払機関は，専門家の判断に割り込んでくる。このやっかいな制約が生じる以前から，治療者は他の制約に耐えてきた。患者の居住地との距離，仕事の都合，経済的問題，クリニックの規則などの外的制約はつねにつきまとっている。

スーパーヴィジョン

　事例に干渉できる唯一の正当な機会は，スーパーヴィジョンである。スーパーヴィジョンは訓練のために必要不可欠であるが，これは事例の進み具合

と転移を損なう可能性がある。スーパーヴィジョンを受けていることを患者に知らせるのは，望ましくない。ただし安い料金設定の下で治療を受けている患者には，知らせることもある。自明のことであるが，治療者の訓練にはスーパーヴィジョン以外の方法はない。しかし，治療者の肩越しに誰かが覗いていると知らせれば，患者と治療者に負担をかける。治療者はこの現象を念頭において，それを最小限にとどめる努力をする必要がある。

その他の制約

われわれは患者の内側にあるもっと微妙な制約にも直面しなければならない。多くの患者は外在化(externalize, すなわち, 外側へ投影)する。たとえば，「上司が私を混乱させる」「母が，ガミガミ言う」など。つまり，問題は外部に存在しており，自我親和的（ego syntonic）になってしまっているのである。

自我親和的とは，何を意味するか？

問題が自分の外部にあると感じている人は，高い代価を支払って平和を得ている。彼の自我は，自分の感情と行動が自然であり，取り巻く環境によって正当化されていると感じている。これは自己愛的傷つきからの回避にとても似ており（あるいは，まったく同じであり），傷つきから身を守るための分厚い壁になっている。このような患者を援助する最善の道は，その虚勢の背後に敏感な傷つきやすさが潜んでいるのを理解することである。そのためには，治療者が批判的でなく中立的であることがもっとも大切である。もちろん，すべての患者にとって大切なものであるが，外在化する患者の態度を変えるためには，特に必要である。患者は穏やかでよい風土（the benign climate）の中で，くつろぎ，構えを緩める。そして，ゆっくりとではあるものの，進んで不快に耐えるようになっていく。

よい風土

これは，その中で，患者が「歓迎されている」「居心地よい」「評価されることがない」「気持ちを分かってもらえる」と感じるような，治療者が作り出す雰囲気を指している。そのためには，治療者は予約時間を守らなければならない。そして，電話などで治療を中断されるのを避ける。すべてではないにせよ，ほとんどの患者にとって，治療者への確かな信頼感は新しい体験となる。援助を必要とする人のためだけにすべてが捧げられる場というのは，他には滅多に存在しない。

どのように治療を組み立てるか？

ここまでは，どうしたら患者の候補が自らの意志で患者になり，問題を「自分」の問題として受け止め，進んでそれを治したいと望むようになるか，そのためにどう援助すればよいかについて述べてきた。治療の頻度は週1回でよい，と一般に考えられるようになっている。しかし，多くの問題にとってこれは望ましくない制約である。理想的にいえば，診断に基づいて治療頻度を決定したい。患者が治療過程にしだいに深く入り込んでいけば，いずれ治療者と患者の間で適切な頻度が決められるだろう。そう期待しつつも，当初は患者が耐えられるところから始めなければならない場合が多い。

治療同盟

「自分がよい父親ではないかもしれない」と危惧していた男性は，治療者によって，患者が自分の感情の探求に一緒に乗り出すのを望んでいると見抜かれ，治療同盟（therapeutic alliance）へと導かれた[2]。治療同盟にはいくつかの定義がある。私の好む定義は，「よくなりたいという願望を治療的に捉まえて，それを二人の共通の目標に変えること」である。治療者は，この作業に参加しようとする自我の部分を励ますのだが，他方では，治療目標に反する自我の部分もたえず認識していなければならない。いわゆる抵抗とは，治療者に反抗することではなく，不安を防衛するためのものである。この点

は心に留めておくべきである。

抵　抗

　抵抗（resistance）という言葉は日常用語から借用され，精神分析技法の中では異なる意味を与えられた専門用語の一つである。私たちは，まず日常的意味を身につけているため，ついそれにとらわれてしまう傾向がある。自分が治療に嫌気がさしていると気づいた患者は，治療者に叱られる前に自分で自分を叱るかのように「私は抵抗していますね」と述べたりする。これは，もちろん間違いである。抵抗は意識されないものであって，治療状況の中で防衛のために使用される，と定義されている。抵抗しない患者は，構造化が著しく遅れている。その意味からすれば，抵抗は歓迎されるべきである。構造論的にみれば，自我は不安に対して防衛を働かせている。抵抗は，けっして治療者や治療自体に向けられるものではない。

　治療開始の難しさは，その時点では患者について最小限の情報しかないからである。しかし，診断段階での質問から自分がやっていることに確信が得られれば，治療者は心を安じて治療に当たれるだろう。前述した男性とのダイアローグで示したように，その人の情動的状態への注目は，患者の候補者にとどまっている人物を一人の患者へと変える力になることが多い。

〈原　注〉

1. ナイトは，境界状態についてのパイオニア的研究者である。その当時，境界例はまったく理解されていなかった。分析家たちは，フロイトの方法にならって審査分析（trial analysis）を試みた。しかし，多くの場合，フロイトの提唱したトライアル期間（2週間）を超過しても，患者の分析可能性は明らかにならないままであった。歴史的な観点からみれば，ナイト（1954）は，一つの明確なカテゴリーとして境界状態を捉える方向性を示し，カーンバーグが，境界状態をより綿密に研究する道を拓いた。また，そのおかげで，ストーンも，精神分析の領域拡張を提案できた。この拡張によって，神経症的葛藤を抱えながらも，境界例的病像を呈する患者を網羅できるようになった。そして，マーラーは，境界現象が分離個体化過程の完了の失敗を表している，と指摘できたのである。

2. グリーンソン (1964) は，分析家との関係が転移神経症だけで構成されているわけではない，と主張した。その関係には，現実的部分もある。患者と分析家は，神経症の治癒という現実的目的のために結びついている。彼は，このような分析関係の側面を「治療同盟」と呼んだ。

『精神分析の技法と臨床』(Greenson, R. R., 1967) は，技法論を現代的に改定するために企画された2巻組の上巻である。不幸なことに，グリーンソンは，下巻を書き上げる前に死去した。豊富な臨床事例が挙げられ，彼の追究した精神分析技法が明らかにされている。

ブランクとブランク (1977) は，グリーンソンとゼツェルの観察をさらに追究した。つまり，分析家は，転移の中の過去の対象として知覚されるだけではなく，現在の現実的対象としても知覚される。また，現実の対象よりも，対象の表象性を重視した。

第9章

モデル事例

　以下，理論と診断と治療について，モデルとなる事例を挙げて説明したい。最初に，制約なしに診断・治療された事例を提示する。第11章では，外的要因によって制約された場合の援助方法について検討する。

事　例
　35歳のアベル氏は，職場での対人関係の問題を訴えて来談した。同僚たちは，彼が未だに親と同居していることや，女性とデートしないことをからかった。彼の傷つきやすさが嗅ぎつけられなければ，そのからかいもほどなく治まっていただろう。しかし，アベル氏は，彼らの冗談を深刻に受け止めてしまった。それが分かったため，同僚たちはしつこくからかい続けた。彼には「お嬢ちゃん」とか「お母さん子」というあだ名がつけられた。また，「彼は，ゲイじゃないかな〜」という噂がもちあがった。その結果，彼は動揺して，仕事の能率が下がり始めた。からかう同僚と顔を合わせることを恐れて，男子トイレや冷水機の周りに近づけなくなってしまった。そして，職場の健康診断で「カウンセリング」を受けることを勧められた。

成育史
　彼の成育史は，診断と治療の過程の中で少しずつ明らかになった。しかし，

ここではまとめて提示する。

　アベル氏は，三人兄弟の三男である。両親は，女の子なら歓迎していただろうが，三人目の男子を授かってもうれしくはなかった。赤ん坊の頃，彼はいわゆる「注目の的」であった。それはみんなのオモチャだった，という意味であり，兄たちにとって，彼は縫いぐるみだったし，母親にとっては，仕事や学校で夫や息子たちが不在の際の話し相手だった。

　彼は，みんなが楽しむためのオモチャとして遊んでもらっていた。彼が遊びたいと望んだときに，彼の水準に合わせて遊んでもらっていたならば，それは違った発達的機会となっていただろう。しかし，家族の中の誰も，彼の発達に関心をはらって遊びはしなかった。みんなが自分本位の欲求で彼とかかわった。兄たちは彼を床に転がして楽しみ，母親はだっこして楽しんだ。父親は，無関心だった。当然，それは彼の欲求したものではなかったし，欲求したときに与えられたわけでもなかった。このようなことは，些細な問題かもしれない。しかし，最適とはいえない発達的風土において育った子どもの好例である。その損傷は微妙であり，気づかれないままになることも多い。彼の発達上の欲求（developmental needs）の変化は，「注目の的」であることとはテンポが合わなかった。母親が寂しいとき，彼は抱きしめられた。兄たちの乱暴な扱いは，彼を過剰に刺激し，脅えさせた。彼は，男性的同一化の対象として兄たちの他に父親を必要としていた。

　人生早期における父親の主たる役割は，母親との密接な結びつきから子どもを誘い出すことである。母親との結びつきは必要であり，よいものである。しかし，それが長引き過ぎて過剰になれば，次の発達段階への進展を妨げてしまう。後の発達段階では，男子も女子も父親の関心が必要になる。

　それでも，アベル氏の発達は，まったく滞っていたわけではない。その理由は，彼が生まれつきの資質の力で発達に必要な供給物を摑み取っていたからだろう。また，彼への注目は不適切ではあったものの，無視されていたわけではなかった。言い換えれば，内在化して彼の対象世界を形作っていくための対象にはこと欠かなかった。

なぜ彼の発達は不十分だったのか？

彼の発達的欲求は，発達段階に適合した形では満たされなかった。そのため，発達にいくつかの歪みが生じた。発達という営みにおいて，彼の相手をした人々は不十分な働きしかせず，彼自身の力に任せきりだった。よい資質をもつ子どもは，このような適応も可能ではある。しかし，アベル氏の場合，結果的には，対象関係パターンに歪みが生じてしまい，そのため，他者との円滑な相互作用の中で，欲求を適切に満たすことを妨げるような自己と対象への態度が形成された。

人見知り不安

彼が生後9カ月のとき，両親は旅行にでかけた。彼らの不在の間，アベル氏は叔母の家に預けられた。兄たちは，両親の不在と家庭でない場所での生活に辛抱した。しかし，赤ちゃんであった彼は，兄たちよりももっとつらい思いをしなければならなかった。その頃の彼は，顔見知りと見知らぬ人を区別し始める発達段階にいた。ちょうどそのときに，馴染んだ顔見知りの人がいなくなってしまったのである。

叔母は親しい人物ではなかったのだろうか？

叔母と顔を合わせたことはあった。しかし，赤ちゃんは，生後9カ月の頃，母親を特別な人として認識し始め，見知らぬ人に用心し始める。母親が帰宅したとき，彼は母親から顔をそむけ，身を引いた。この状態は一日か二日ほどの間しか続かず，すべては元通りになったかのようにみえた。しかし，このような出来事は，傷跡を残し，他者との関係の中で自分自身をどのように感じるかに影響を与える。この患者は悲しみを知覚できなくなり，他者を信頼することに困難を感じるようになった。その後，似たような事態に出会うと，この感情が呼び覚まされるようになった。

練習期

　彼はハイハイの次にヨチヨチ歩きを始めた。そうなると，母親は，彼の後について廻ることにくたびれてしまった。彼女には，他にしなければならないことがあった。自分を危険から遠ざけてくれる両親の注意深い目に見守られながら，世界を探索する自由をもつことが，歩き始めの頃の発達にとって大切である。この母親は，用心深かった。しかし，それは彼の発達のためではなかった。彼の後をついて廻ることが厄介だったから，用心したのである。彼女が彼を束縛したため，「まわりの世界を探索するのは，危険だ」という印象が幼児期に植え付けられた。この印象は，彼のエディプス期の発達にも持続的な影響を及ぼした。この点については，後で手短に検討する。

ジェンダー・アイデンティティ

　彼のジェンダー・アイデンティティは，不安定であった。その原因は，父親と兄たちに同一化していたものの，それ以上に母親に同一化していたからである。母親は，三人目の子どもが女子でなかったことにがっかりしていた。彼は，この失望について耳にしたことは一度もなかったが，それは無意識的に伝わっていた。そのために，彼は自分自身に満足できなくなったのだろう。

適　応

　彼は母親を必要としていたため，母親が一緒に居てくれるように努力しなければならなかった。自己と対象関係のパターンはしっかりと形成されるので，よくあることだが，このような適応の仕方が成人してからも続くと適応が難しくなる。

分　離

　分離とは，物理的な意味ではない。分離した同一性をゆっくりと摑み取っていくという意味である。彼にとって，分離とは戦いであった。彼は，生まれつきの資質の力によって分離を成し遂げたように見える。われわれは，物

理的な分離にはそれほど注目していないが，それが内的状況を反映していることもある。5歳になり，学校に通い始めたときに，彼はたいへん苦労した。後に大学に入学したときにも，この苦労は繰り返された。高校時代にはデートしてみたが，楽しくなかった。その原因は，彼のジェンダー・アイデンティティがまったく安定していなかったからであり，性的願望を抑圧していたからでもあった。

大学入学後，ある女子学生と出会った。彼女もまた分離の問題を抱えていて，彼と同じように五月病（freshman malady）を患っていた。大学時代の彼らはずっと一緒にいて，ゆくゆくは結婚したいと思っていた。セックスは，一緒にいることほどには重要でなかった。卒業後，彼女は彼の郷里で一緒に住むことを望まなかった。その理由は，彼の郷里が彼女の実家から離れ過ぎていたからであった。他方，彼もまた自分の郷里に住むことを望み，一人で実家に帰ることになった。

個 体 化

アベル氏の個体化は，彼自身の資質の力によって進展したが，それは母親に世話されたい気持ちと葛藤を起さない範囲に限られていた。幼児期に発達段階に適した養育を充分に享受できなくても，よい資質に恵まれていれば，分離することなく個体化できる。個体化は，パートナーの調律と不調律にあまり影響されないからである。

防衛は構造を明らかにするか？

葛藤が不安を引き起こせば，自我は防衛を働かせる。アベル氏は有能な防衛機制を用いている，と私は指摘した。不十分にしか構造化されていなかったならば，自我はそのような防衛の仕事を担えず，したがって彼は防衛を活用できなかっただろう。自我の力は，構造化の指標である。

これらの防衛は，彼のために何をなしたか？

　防衛機制によって，彼はエディプス願望と格闘することが可能となった。つまり，抑圧によってそれらを押え込み，前エディプス的母親との安全な関係性へすばやく退却できた。退行が不安に対するクッションの役割を果たすことは，彼には馴染みの出来事であった。母親の関心が得られるのは，自分が母親と密接に結びついたままの前エディプス的子どもである場合に限られていたからである。父親や兄たちは恐ろしいライバルであったし，彼は自分自身の攻撃願望をひどく恐れていた。その結果，安全のためには，性的願望を抑圧する必要があった。分析家と出会った頃の彼は，前エディプス的母親との愛着状態へ退行していた。

前エディプス的母親とは何か？

　同一人物の二つの違った役割について，論じておく必要がある。変化するのは母親ではなく，母親に対する子どもの見方である。アベル氏は，前エディプス的母親を求めていたが，それは必ずしも母親の実像ではなく，エディプス願望の脅威に対する安全装置としての空想的な母親像であった。実生活の中で母親は，それほど大きな役割をすでに果たしていなかった。彼の中には，安全装置としての母親の無意識的記憶が存在していたが，その理由は幼児期の彼は，母親をそのように思う必要があったし，彼女もある程度はその役割を果たしていたからであった。成人してからは，彼は前エディプス的母親を利用して自分を安全に守った。つまり，分離，エディプス願望，同世代の性的パートナー，危険を冒して大人の生活に入っていくことなどから自分を守ったのである。

情　　動

　アベル氏の情動は，彼の話している内容と適合しているように見えた。ケースによっては，適合していないこともある。繰り返しになるが，充分な発達をとげていない人は，抱いている感情にそぐわない振舞い方をすることがあ

る。その情動は，行動と調和していない。深刻なことを語るときは気おくれしたような表情になるものだが，彼は笑いながら話すかもしれず，その情動は，語っている内容と調和していない。

怒　　り

怒りの抑制と，その後の抑圧は，分離個体化過程の中で始まったが，その年齢のアベル氏にとって，母親の規制に反発することは，あまりに荷が重すぎた。つまりアベル氏は，エディプス態勢のはるか以前に，怒りを誘発する欲求不満をすでに体験していた。

救いは，愛する力の発達が彼に認められる点である。エディプス水準において，愛と性的願望が入り混じり始めたとき，愛する能力は危険物となった。

発達的な診断所見

ここで，アベル氏の記述的な発達診断を提示する。この診断は，DSMの診断とは著しく異なり，治療のガイドとなるものである。

アベル氏は，神経症患者であるが，その理由は構造化されており，かつまたエディプス水準まで到達していたからである。彼は，エディプス葛藤を抑圧し，低い水準に退行することによってそれらを防衛していたのである。

彼の発達は滞っていたが，よい資質を持っていたため，適切とはいえない環境からも必要なものを引き出せた。その結果，外部から十分な援助を受けなくとも，構造化が進展した。かなりの犠牲を払って構造化が達成されたことは，治療過程の中で明らかになるはずである。

彼は構造化されている。それは，彼が実生活で成し遂げたことを見れば分かるが，そのような外的因子よりも，抑圧や退行などの高水準の防衛を活用できる点が重要である。それは，自我の力を反映しており，構造のもっとも大切な部分を構成している。

適切な練習期は，後年の冒険の準備を整える，と指摘したことがある（Blanck, 1984）。適切な練習期は，冒険する勇気を授けてくれるが，葛藤に

取り組む準備としては役に立たない。これは，この下位段階の欠陥ではない。この時期は，もっと別な発達上の目的を持っている。システム間の葛藤は，構造の成立した後に初めて生じるものである。練習期の子どもは，そのような発達水準まで到達できていない。

葛　藤

　アベル氏は，エディプス葛藤と前エディプス葛藤の両方を抱えていた。前エディプス的葛藤とは，自己表象と対象表象との間の葛藤である。彼の自己表象と対象表象は，順調には形成されなかった。攻撃欲動には成長を推進する側面があり，それによって分離も促進されるのだが，この攻撃欲動が，未だに母性的かかわりを求め続ける欲求との間で葛藤を引き起こした。これはエディプス葛藤の解消も妨げることになった。攻撃願望についての不安が，自我の退行を引き起こすからである。このように二つの葛藤が重なり合った結果，彼は前エディプス的母親に逃げ場を見つけたのである。

不　安

　私たちは，患者に不必要な苦痛を負わせたくはない。不安は，強い転移の文脈の中で，しかも，適切なタイミングで生じる場合には，耐えられるものとなる。構造化の不十分な患者の自我は，力が不足しているために，不安に圧倒されかねない。私が診断の大切さを強調する理由の一つは，そこにある。十分な診断を行った場合には，患者が十分に構造化されており，有能な自我を持ち，おそらく幼児期においては必要だったものの，今や不適切となった防衛を用いていることが分かるはずである。このような患者は，葛藤を解決するために不安に耐えることができる。エディプス葛藤を解決すれば，患者は自分にふさわしいパートナーを見つけ，結婚し，おそらく父親になることもできるだろう。そして，必要なときには，適切な形で自己主張できるようになるだろう。

　治療を切り詰めたりすれば，以上のすべては必ずしも達成できないだろう

が，治療者が全体の状況についてより広く理解しつつ治療にあたるならば，患者の改善に貢献できるはずである。

満杯のバケツ

　私は，最適な治療（すなわち，精神分析）を満杯のバケツと呼んでいる。一方，切り詰めた治療は，バケツの中の水滴と表せるだろう。それは，ある程度の役には立つけれど，バケツを満たすには不十分である。最適な治療とは，いわば人格のオーバーホールのようなものであって，それは，本格的な精神分析によってのみ可能である。私は十分な治療がどのようなものかについて述べたが，それは治療を切り詰めなければならない場合にも治療者が適切な滴を落とすことに貢献してほしいと思うからである。患者の人生においては，恐らく何度か治療を必要とする時期が生じるだろう。「適切」な滴とは，同じ診断的評価に基づいて，同じ方針で行われる治療を指している。

　次章では，精神分析の治療について端的に論ずるつもりである。治療を必要とする時期は何度か生じるかもしれない。各時期に加えられるそれぞれの滴が適切なものであるならば，よい成果も得られるだろう。他方，不適切な滴が加えられたならば，せっかくのよい成果も損なわれてしまうだろう。

第 10 章

事例の背景

　アベル氏の母親との関係についてまず検討するが，それは新生児の最初の課題は，環境と適合し合い環境に適応することである（ハルトマン）という私たちの理論的仮説に基づいている。通常，ここでいう環境とは養育者である。
　アベル氏の母親が，女の子を望んでいただろうことが分かっている。彼の人生は，最初から母親の失望の影響を受けていたと推察できる。児童観察学派の知見に基づいたこの種の推察は，患者の幼児期の風土を想像する際に役に立つ。

他に何が推察できるか？
　乳幼児は母親の情動を感知できるので，他の影響の可能性もいくつか推察される。母親が愛情をこめて抱っこできなかったのは，女子でなかったという失望のためだろうか？　それとも母性を欠いていたためだろうか？　あるいは他の家族のことで手一杯だったからだろうか？　離乳を急いだだろうか？　彼に哺乳瓶を持たせっきりにしたのだろうか？

哺乳瓶を持たせることのどこが悪いのか？
　哺乳瓶を子どもの手に持たせることは，望ましくない。哺乳瓶での授乳が必要ならば，母乳を与える場合と同じように子どもを抱いて，母親自身の手で乳

を飲ませるべきである。小さな手に哺乳瓶を持たされた子どもは，哺乳瓶との関係を形成する。しかし，無生物の対象とは相互作用が起こらない。現実の人間との間にはいわゆるギブ＆テイクの機会があり，ほどよい環境があれば，この機会が心理的成長を促進する。私が推測するに，アベル氏は手に哺乳瓶を持たされて，母親の方は抱きかかえる役割を放棄していたのだろう。

このような仮説はどうしたら検証されるか？

　このような仮説は，彼の現実生活と転移における対象関係の質から導き出された。アベル氏の他者への振舞いには，自己表象よりも対象表象を重視する強い不均衡が認められた。これを別の言い方をすれば，彼の自尊心は低かったということになる。

　アベル氏が哺乳瓶を持たされていた，という仮説が正しいか否かは重要ではない。歴史的出来事としては正しくないことが明らかになったとしても，彼が自己愛的に内向し，他者にほとんど期待を抱かない点に注目する必要がある。彼は，発達の途上で同じような態度をとってきたことをいくつか想起した。しかし，望ましくないことばかりの成育史であったと考えてはならない。もしそうならば，彼は今のようには発達していなかっただろうし，今見るような到達水準ほどに機能できなかっただろう。外傷は発達を妨げ，それを歪めるが，それにもかかわらず，発達は外傷を抱えつつ進行し続けるのである。

母親がどのように感じているかを，彼はどうやって知ったのか？

　新生児は情動的コミュニケーションに対して鋭い感知力を持っており，情動は子どもに伝わる。スピッツ(1959)は，これを**全身感覚的感知力**(coenesthetic sensing)と呼んだ。彼によれば，これは新生児が子宮から出た直後のコミュニケーション様式であり，馴染みのない未知の外界から発せられる情動に細かく調律されている。このような情動的・直感的感覚は，後には想起できなくなるが，にもかかわらず世界とかかわる際の自分自身に対する態度を色づ

けるものとなる。

　母親の気持ちがどのようなものであり，彼を抱いた母親からどのような形でそれが伝わったのかは，はっきりとは分からない。それは推察できるに過ぎない。このような推察は，推測や仮説と呼ばれるかもしれない。しかし，それが新生児への注意深い観察に基づいていることを心に留めてほしい。情動的感知は，乳児の中に想起できない体験として残り，性格を微妙に色づける。

　したがって，このような最早期の体験が，アベル氏の他者とのかかわり方に影響を与えたか否か，そして，どのような影響を与えたかについて検討する必要がある。彼への母親の一般的態度も考慮に入れつつ，最早期体験がその後の母子体験とどのように関連しているかも検討する。そして，このような体験の積み重ねが，自己と他者との関係性パターンにどのように影響したかを探索する。

どこに注目したらよいだろうか？

　転移は，もっとも多くのことを語ってくれる。治療者に向ける行動の中で，自分自身をどう感じているか，他者とどうかかわっているかが明らかになる。転移は無菌の場で生じるために，有効なのである。私たちは外的状況についても同様に注目するが，その場合は，かかわった人々も，自分自身の対象関係パターンに従って反応することも考慮しなければならない。治療者は自分自身の欲求からではなく，患者のために応答する。その結果，患者は自分のまわりに古いパターンに従って演じない者もいることを体験できる。それに力を得て，患者は，治療者が対抗反応（counterreact）しないがゆえに新たな視点（新しいスタイルの関係）を形成するに至る。

それほど早期に多くのことが決定されるとしたら，すべては無駄なのだろうか？

　ノーである。多くは子どもの資質によって決まる。子どもは生まれつきの適応能力を備えており，この働きによって生き残れる。そのため，母性的反応（maternal response）が乏しくても，資質に恵まれた子どもは，発達の機会

を捉えることができる。アベル氏は，理想的な形ではなかったにせよ，母親からすっかり無視されていたわけではなかった。その結果として，彼は結びつきを得ることができた。アベル氏は，完全にネグレクトされた子どもと対比できるだろう。このような子どもは，他者の存在を感じとることが困難な自己愛的状態に陥る。この自己愛的状態は，非常に重症でときに不可逆的な精神病理を形成する。

早期の損傷は，後の体験によって修復されるか？

　イエスであり，ノーでもある。ごく早期に受けた過大な損傷は修復できない。発達には，前の望ましくない体験を後の望ましい体験が埋め合わせる段階がある。その一つが，再接近期である。マーラーによれば，望ましい再接近期は，分離個体化過程における以前の不十分な下位段階を埋め合わせることができるという。しかし，私はそうとは言い切れないと思う。なぜなら，体験は決して消せないからである。人生早期での否定的な体験の影響は，望ましい再接近期によって低減される，という方が妥当だろう。

　母親は，ある行動を別の行動よりも好むことがある。たとえば，アベル氏の母親は，彼が言語を用い始めたときに，それを好んだかもしれない。しかし，ここでもこれは，彼女が行動よりも言語に反応しやすかった，という彼の報告を元にした作業仮説に過ぎない。反応性の乏しい母親の子どもは，反応を引き出す努力をしなければならない。その努力が成功することもある。

基地への帰還

　再接近とは，基地に帰還することである。ヨチヨチ歩きの子どもは，周りの世界を十分に探索するにつれて，自分が広大な世界の中のとても小さな存在であることに気づき始める。この気づきが不安を生み出す。いっそう母親にしがみつくようになるのは，自然な反応であって，探索に没頭した後に，母親がなおもそこに存在しているか確認したくなるのである。この帰還欲求が母の歓迎する反応で満たされれば，恐怖は薄れ，子どもは周囲の世界に向

かって再び動き出せる。しかし、もしすげなくあしらわれたならば、発達は著しく制限される（Mahler et al., 1975. また、第3章を参照）。

アベル氏の母親が、この帰還を歓迎しなかったと推察しても、外れてはいないだろう。彼女が忙しかったことが明らかになっている。一見独り立ちしたように見えるヨチヨチ歩きの子どもが、再び「しがみつき（cling）」始めると、忙しい母親は失望し、うろたえやすい。アベル氏の母親は忙しすぎて、彼の帰還に適切に反応できなかった。そのため、母に拒絶されたアベル氏は、満足のできる探索期間を過ごせなかったと思われる。

反応を引き出すことについて

子どもは、環境から何かを引き出す能力を生まれつき持っている。その程度は、一人ひとり異なっている。上手に引き出せる者は、関心の乏しい母親を引きつけ、自分の接近方法に反応させられるだろう。同じことは、患者が治療者から可能な限り多くのものを引き出そうと目を皿にしている治療状況からも見てとることができる。これはうまく進んでいく事例にあてはまるのであって、そうした患者は、発達上必要な供給物を求めれば与えられることを、早期の体験から分かっている。

引き出す能力がありながら、それを使わない患者もいる。そのような患者は、治療過程の中でその能力を使えるように教育できる。私たちが治療行為を行う際に、患者に代わってあれこれとやり過ぎないように慎むならば、患者の自我はしだいに機能し始める。

どれくらいが過剰だろうか？

患者のためのやり過ぎとは、患者が自分でできることにまで手を出すことである。治療者が患者に自分自身で埋める自由な余地を与えてやれば、多くの患者はそれを埋める能力を見つけ出すだろう。自我は、力を働かせることによって強化される。

過剰にすることは，子どもの「甘やかし」になるか？

　感度の鈍い親が，「甘えている」と言って子どもを咎めるのを耳にすることがある。それは，誰の失敗だろう。甘やかされた子どもとは，やりたい放題を許されてきたために，世界との関係の中で自分を自己愛的に見る見方を身につけてしまった子どもである。しかし，上記の親が言っている意味とは異なる。ほとんどの親は，子どもが親の望むように振舞わない，という意味で言っている。一昔前には違うように考えられていたが，現在では，赤ん坊が空腹を泣いて訴えたときに乳を飲ませても，それは甘やかしとは考えない。赤ん坊の合図に反応しても，甘やかしではないし，やり過ぎでもない。アベル氏の場合，赤ん坊の彼が発した合図に対する反応は，過剰ではなく，むしろ少な過ぎたと推測される。

アベル氏は甘やかされていたのか？

　ノーである。彼は，素人が「注目」と呼び，われわれならば，発達的欲求への反応と呼ぶものをほとんど与えられなかった。家族は彼の存在を許容し，彼は可愛がられてさえいたが，家族の関心は，彼の変化する発達的欲求に柔軟に反応するほどには広くなかった。

一例を挙げると

　赤ん坊が甘やかされ過ぎることはない。しかし，ヨチヨチ歩きの子どもは，他者と共に生きることを学ばなければならない。彼は家族の誰かに向って怒鳴ってはならない。夕食中の家庭を想像してみよう。一番末の子が大声で叫んだり，スプーンを打ち鳴らしたりしたら，他の家族は惨めな思いをするだろう。止めさせられたとき，子どもは自分の感じた安堵感を表さないかもしれないが，それにもかかわらず，子どもは安堵しているものである。つまり，大人が責任を負っていることに安堵しているのだ。

アベル氏の母親は，十分に柔軟だったか？

おそらくノーである。異なる発達段階では，異なる欲求が生じる。私たちは，母親が自分の反応を変えることができたか否かも考えてみなければならない。すでに指摘したとおり，彼女は子どもの変っていく欲求に反応したり，子どもからの合図を認識したりするだけの，十分な柔軟性は持っていなかった。

合図の例

合図（cueing）とは，互恵的なものである。母と子の二者関係（mother-child dyad）では，双方がサインを送る。たとえば，子どもが母に向かってバブバブと言い始めたならば，母親もバブバブと返す。それに子どもが反応する。その際，母親が新しい音を加えて返したら，子どもはそれを拾い上げるだろう。このやりとりは，子どもにとって発達上重要な意味をもつ母と一緒の楽しいゲームとなる。喜び（情動的色調）がこの体験を表象世界に記録するにつれて，子どもは自分自身と他者についての肯定的なイメージを形成していく。

アベル氏の母親はあまりに忙しくて，そういったことに時間を費やす気にならなかったのだろう。この大切さを本能的に知っていて，それを楽しめる母親もいる。しかし，この点に関しては，アベル氏の体験は貧弱なものだったと考えざるを得ない。

欲求の変化について

周知のとおり，新生児は誕生から3歳までさらにその後も身体的に変化する。身体の変化に伴って，心理的欲求も変化することを考慮しなければならない。ハイハイし出してから，ヨチヨチ歩きが始まる頃にかけて，子どもはあらゆるものに強い好奇心を抱く。直立姿勢がとれるようになるとさまざまの発見が可能となり，それに伴って高揚感をもつようになる。このときこそ子どもには歩きまわる自由が必要であって，制限が必要になるのは危険な状

況が生じたときだけである。

　患者の母親は彼の後からついて回る時間がなく，探索欲求に心を魅かれることもなかったのだろう。彼女には他にすることがあり，彼にただ制限を加えたのだろう。その結果，彼は後の人生で冒険を恐れるようになってしまったと思われる。

父親の役割

　生後2年目になると，子どもの関心が広がり，父親は母親とは違った，ある点でもっと興味深い人物として認知されるようになる。こうして子どもは，母親との固い関係性から誘い出されることになる。もしこの関係性が過剰に長く続けば，そのために発達が遅れることになりかねない。

　性別の差異に気づくにつれて，父親は女子にも男子にも心理学的に重要な存在となる。女子には，異性との関係の持ち方についての体験を与える。男子には，同一化のモデルを与える。

　アベル氏の父親は，同一化の対象だったといってよいだろう。重要度は低いけれども，兄たちも同一化の対象だった。しかし彼らは，十分に積極的なかたちで存在していたわけではなかった。しかし，アベル氏はできる限りのものを引き出した。この重要な発達上の課題に誰も適切に応えてくれなかったので，彼はほとんど自分一人でジェンダー・アイデンティティを作り上げることになった。そのため，不安定なジェンダー・アイデンティティが形成されてしまった。この事例の重要な診断的サインは，不安定であるにせよ，とにかくジェンダー・アイデンティティが形成されていたことである。

なぜ役割モデルではないのか？

　私が同一化という言葉を用いたのは，同一化の方がより正確だからである。すでに述べたことだが，私は役割モデル（role model）について一般に流布している考えには同調しない。一般人には十分に有用な考えだが，心理療法家と分析家（いわば，専門家）は，内在化と対象世界の重要性を理解してい

るため，この概念を使用しない。同一化は，内在化によって本人の構造の一部となるため，役割モデルよりも深い意味を持っている。かつての関係性の交流の中に存在したものは，とりこまれて表象世界の一部になる。したがって，人は他人をモデルとして見習って自分を作るのではなく，他者の望ましい側面を自己表象の中に取り込むのである。

その他に父親は何をするのか？

同一化の対象となる遥か以前から，父親は幼い子どもの人生に望ましい形で立ち入る。当初は，父親と母親の区別はぼんやりとした曖昧なものに過ぎない。その理由は，乳児期においては，欲求充足の方が同一化より優位にあるからである。生後2年目に入る頃から，父親は子どもを手荒にあつかう，放り上げるなど，母親とは違ったやり方で遊び始める。それが子どもに母親ではない他者とのやりとりを体験させる。やがて子どもは父親に強い興味をもつようになり，外の世界での父の生活を空想するようになる。このようにして父親は，子どもを母親との緊密な関係の外に導き出し，子どもにより広い世界との相互作用の中での自己体験を拡大させる（Greenacre, 1974；Mahler et al., 1975)[1]。

アベル氏の父親は忙しかった。彼は大家族を養わねばならなかったので，長時間にわたって精を出して働かなければならなかった。そして，仕事の後は疲れていて，とても子どもと遊べなかった。それに，そんなことは上の息子たちとやってしまったので，もう子どもと遊ぶ気にはならなかった。

性が頭をもたげる

子どもは性的な存在である。そして，人間は性愛を二段階で体験する唯一の種である。他の哺乳類は，もっと早く性的な成熟を迎えて番う。しかし，人間は性的関心を感じても，思春期までは性交できる身体的能力を持っていない。早期の性行動や出産が目につくが，文化的風土はそれに反対している。身体能力があっても，成熟した性的関係と親になるための準備が整う以前に，

さらに多くの心理的発達が生じる必要があるからである。私たちは，青年期や成人期前期は，愛することと働くこととに備えるための発達段階と考えている（Blanck & Blanck, 1968）。

　アベル氏が女性を見つけて関係をもてた点は望ましいことであったが，多くの難点もあった。彼は，性行為よりも誰かを所有することに関心があった。これは母親からの心理的分離が不十分で，これが家族外の新しい関係に全霊をあげて入っていく能力を損なっていたことも示している。

エディプス・コンプレックス

　前述の基地への帰還が適切に迎えられるならば，子どもは同じ対象に対してより複雑な新しい対象関係を形成し始める。これは，不思議にみえるかもしれないが，現実の対象は同じであっても，それらの人々に対する心理的態度が以前とは異なってくるという事実から，説明できる（第14章で詳述する）。

エディプス期以前に性は存在しているのだろうか？

　人は生まれながら性的存在であり，エディプス期以前にも性は存在している。しかし，そのあり方は，乳幼児期と早期児童期とで大きく異なっている。乳幼児期では，子どもの関心は自分の身体に向けられる。自分の身体を探検する。性器に触ると快感が得られることを発見し，自慰を始める。しかし，心理的誕生とともに洗練された性的関心の世界が開かれると，子どもは自己愛的な性器への関心から他者への関心へと移行する。エディプス水準に接近する頃には，ほとんどの子どもは性的関心を異性の親へと向けかえる。

アベル氏のエディプス状況は，どのようであったか？

　理想的に発達した者は，エディプス態勢（oedipal position）に先立つすべての発達段階を申し分ない形で体験し，新しいより複雑な問題に比較的容易に対処できるまでになっている。現実には，そのような人はほとんどいない。したがって，先行する発達段階での成功や失敗の程度を検討し，それらがエ

ディプス危機を乗り越える能力をどのように促進あるいは阻害しているか，について考えなければならない。

　アベル氏には，不適切な前エディプス的生活から持ち越された，発達上の空白があった。これがエディプス期の要請と不安への対処を一層困難にした。彼は，冒険を励ましてもらえなかったが，私はエディプス態勢に入るためにもっとも必要な力は，冒険からもたらされると考えている。彼は前エディプス的母親から十分には分離していなかったために，母親を完全にエディプス的母親（つまり，性的欲望の対象）として扱うことができなかった。彼にとって母親は，融合するための対象のままだったのである。

　母親と親密でいたいという願望は，発達段階に即して十分に満たされていた。しかし，父親は，息子を誘ってその願望から導き出そうとはしなかった。概観していえば，アベル氏はエディプス態勢の「辺縁」までしか接近していなかった。

アベル氏の治療はどこへ方向づけられるべきか？

　それは治療が精神分析でなされるか心理療法でなされるかによって異なる。彼にとっての理想的な治療は精神分析だろう。精神分析の実際について述べるのは，ここでの範囲を超える。精神分析の技法に関する教科書は数多く出ているので読んでほしい。ただし分析をどのように進めるかを学ぶためには，教科書だけでなく，個人分析とケース・スーパーヴィジョンを含む委曲をつくした精神分析のトレーニングが必要である。

　精神分析を実施するとしたら，私たちは主な道具として自由連想・夢・転移を用いる。これらは患者の防衛・葛藤・無意識的ファンタジー・妥協形成などを明らかにするはずである。私たちはアベル氏の特徴的な対象関係パターンが，転移の特徴や質を決めると期待するだろう。転移の中で分析家は，前エディプス的母親を表象し，ついでエディプス的母親と父親とを表象するようになるだろう。そして，治療目標はエディプス危機の解決となるはずである。

心理療法を実施する場合も，治療目標は同様であるが，精神分析の場合と異なり，必ずしもすべての目標が達成されるわけではない。転移は自己と対象関係パターンを明らかにするために利用されるだろう。おそらく転移を丁寧に検討すれば，もっと多くのことが見えてくるはずである。それが，この事例の本質だからである。たとえば，エディプス態勢は対象関係の要因をなすと考えられるので，エディプス的問題が現れてきてとり扱われることになるだろう。それは，彼が本質的には神経症患者だからである。これは，アベル氏の自我が葛藤を取り扱えることを意味する。心理療法で扱う事例の中には，葛藤を取り扱えない自我もある。その場合は，治療は構造の形成に焦点づけられるだろう（第12章）。

　私はアベル氏の心理療法については，対象関係の特徴を重視するが，対象関係の特徴に，発達を促進し，おそらくは葛藤を解決する大きな希望が見てとれるからである。

〈原　注〉

1. グリーネーカー（1959）は，精神分析療法における転移の占める特異な位置を認識し，転移から生じる問題とその技法的解決について検討した。

　　グリーネーカー（1972）は，幼い子どもが父親に心を奪われることに注目したが，それは父親との体験が情動的に記銘されて，転移の中で復活するからであった。この研究は，子どもの発達における父親の果たす役割について重要な洞察をもたらした。父親の最初の課題は，母親との共生的関係から子どもを誘い出すことである。そのおかげで，子どもは，分離個体化の長い過程へ足を踏み出せる。欲求や自己への関心から対象との経験へ置き換わることによって，父親はしだいにはっきりと母親とは区別されてきて，やがて母親とは異なった一個の人間として見られるようになる。ほとんどの母親が家に居り，父親が外に働きに出ていた時代では，夜に父親が帰宅することは，子どもの発達にとって大切な契機となった。父親は，外の世界のミステリアスな雰囲気を持ち帰り，子どもはその雰囲気と父親に夢中になった。グリーネーカーは，このようなことが，転移の中でどのような形で再現されるかについて注目し，「分析家は，逆転移においてその部分に気づくべきである。さもなければ，治療的意義もないまま，そのような状況の理想化が反復されてしまうだろう」と警告している。

第11章

少なければ少ないほど良いのか

　アベル氏の二番目に望ましい治療について論じたので，ここではそれ以外に何ができるかを検討してみよう．時間がなくとも，診断は省いてはならない．しかし，治療者が経験を積むにつれて，構造化されているか十分に構造化されていないかを決めるために，ざっと査定すればそれで安心していられるようになる．その診断がつけば，少なくとも治療を間違った方向に進ませずに済む．繰り返しになるが，構造を形成するのか，それとも構造を変えるのかを決定する必要性のあることを強調したい．どのように治療を進めるにせよ，それが決まっていれば，暗闇で針を刺すようなことにはならないはずである．

職場での問題から着手するべきか？
　結局，これは今，現実に悩んでいる問題である．そもそも，患者は意識しているものしか提示しないはずである．治療者は，問題についての顕在的な言葉の裏に耳をすまして，潜在的内容を把握しようとする．問題として提示されるものの多くは，症状である．これを額面通りに扱えば，根本的な葛藤から逸れてしまうことになるだろう．

猫の皮のはぎ方はいろいろある

　精神分析的ではなく論理的な人ならば，目の前の問題を額面通りに捉えて，明らかな解決策を講じることだろう。つまり，からかわれたら反撃するようにアドバイスしたり，あまり気にしないように勧めたりする。私は，このようなやり方を「よき隣人の策（the good-neighor policy）」と呼んでいる。それらは，友人やよき隣人が示唆する以上のものではない。治療者には，それ以上のことを提供する必要がある。

症状を治療しないのはなぜか？

　症状の治療がうまくいけば，雇い主も保険会社も喜ぶだろう。そして，何より患者自身が喜ぶ。短期的には，満足するかもしれない。行動療法的アプローチは症状を扱う。伝え聞くところでは，それで成功しているらしい。しかし，構造は変わらないままである。行動の変化は，真の問題へ向かう道を閉ざす。そして，もっと深い治療を求める気持ちを失わせるため，有害ですらある。「だからって何なの？」「うまくいっているじゃない？」と問い返されるかもしれない。しかし，真の問題（攻撃性に対する恐怖，不安定なジェンダー・アイデンティ，エディプス的闘争からの退避）は，そのまま残ってしまう。

なぜすべてに関心をもつのか？

　患者が治療のために自分自身を提示するが，それに対し治療者には綿密である責務がある。少しだけ助けてほしいと求める患者でも，それは当てはまる。治療者は，客が頼んだものを売る商人ではない。綿密な検査には時間とお金がかかるという理由から，腫瘍を良性と診断されたらたまらない。アベル氏のためには，治療者は潜在的な問題に目を向け，時間が許す限り，それを治療しなければならない。

　症状の除去は，別の意味で有害である。人生は短い。アベル氏は妻も子もないまま中年期にさしかかろうとしている。母親が生きている間は，母親と

一緒に暮らせる。しかし，彼女が亡くなったとき，治療者は老年期鬱病の治療をしなくてはならないだろう。

時間に制約がある場合は，何をなすべきだろうか？

時間が制約されると，治療者としての力量が試されることになる。第9章では，精神分析治療は満杯のバケツに喩えられた。制約されたセッションは，バケツの中の滴となるに過ぎない。しかし，その滴は適切な滴であることが大切である。それは，未来の治療がさらに多くの滴を加えていくための準備になる。

6回のセッションの適切な滴とは何か？

時間の圧力があるとしても，私たちは構造をとらえる必要がある。介入によって，診断の助けになり，同時に治療的作業にもなる情報が得られることもある。そのため，治療は最初から始まっているといえる。以下に6回の面接を要約して述べてみよう。

治療者：おはようございます。どういうことでいらっしゃいましたか？
患　者：私の問題について助けていただける，と聞いてきました（他人に主導権をわたして，問題を明らかにしない）。
治療者：おそらくお役にたてると思います（約束をしてはいけない）。どのような問題でしょうか？
患　者：同僚が，仕事をまかせてくれないんです（問題を外在化しており，かつ，あまり多くのことを明らかにしない）。
治療者：何があったのか，お話してくださいませんか（治療者が促さなくてはならない。私は，これを「坂登り（going hill）」と呼んでいる）。
患　者：え～と，悪口を言われます。それをやめさせる方法を知りたいんです。教えてもらえますか？
治療者：教えてほしいんですね（彼の受動性をとりあげて，ボールを患者

　　　　　　側のコートに打ち返す）。
患　者：教えていただけるものと思っていましたが？
治療者：問題について，もっと理解する必要があります。たぶん二人で一緒に答えを見つけださせるでしょう（一抹の敵意には反応せず，治療同盟を提案する）。
患　者：一つには，未だ実家で暮らしている点を，からかわれます（同盟が根を下ろす。彼は少しばかり情報を提供する）。
治療者：そう言われて，腹が立ちますか？（情動へと踏み込む）
患　者：わかりません（情動に無自覚なことが明らかになる。これは，怒りに対する防衛である）。
治療者：そのため，びくびくしてたんではないでしょうか。
患　者：そうは思っていませんでした。でも，言われてみれば，怖いですね。
治療者：怒りを感じたことも，あなたを脅えさせたかもしれません。
患　者：そういうふうに考えたことはありませんでした。いつもは，単純に「不愉快だな」と思っていました。
治療者：いつも怖がっていたら惨めですね。実家では，ホッとしますか？（治療者は問題点を言い換えて，実家が不安や攻撃性からの逃げ場である点に光を当てる。また，分離不安にも触れている）。
患　者：う〜ん，職場の連中から離れると，気分はずっとよくなります（彼の自我は，実家が逃げ場所である点をすぐに認めることを許さない。これは，よいサインである。彼には，男性的なプライドがある。自分が赤ん坊であると主張して治療者の膝に座りたいと言った患者と比較してみよう）。

　診断と治療が手をとりあって進展するさまを例示した。そして，それは真の問題，つまり分離，情動への鈍感さ，攻撃性などの問題を明らかにした。それは同時に，構造化と自我の能力についても垣間見させてくれた。

6 セッションでは，さらに何ができるか？

　治療者は患者に新しい体験を提供できる。それは，脅威的ではない人物との共同作業の体験である。治療者は，彼を判定したり，問題への取り組み方を押しつけたりしない。さらにまた，彼の興味をそそることを期待して，当面の問題に新しい光を投げかける。

受動的－攻撃的な策略

　多くの治療者が，患者を受動的－攻撃的（passive-aggressive）と呼ぶのを私は耳にしてきた。この術語が，軽蔑的な含意なしで使用されたことはない。なぜそのように嫌われるのだろうか？　この術語は，患者が臆病者であり，受動性へ逃げこんで敵意を感じないで済まそうとしていることを意味している。私は，別な治療姿勢を推奨したい。情動の変化に注目しながら患者の語りに耳を傾ける習練を積んでいれば，治療者は患者の行動をもっと共感的に見られるだろう。怒りのあまり不安になっている患者は，決して狡猾に立ち回っているわけではない。怖いからこそ精一杯の反応をしている。自分の怒りを自分自身からも隠さざるを得ないのである。当面，受動的モードでやっていかざるを得ないのならば，そっとしておくべきである。

受動性について

　これを嫌う治療者もいる。ある上級分析家は，ウォールストリートの殺し屋として有名な投資銀行の行員について，「来談した彼は，椅子の上で胎児のように丸くなった」と軽蔑的な書き方をした。この話からは，治療者の膝に座りたいと望んだ患者がまたしても想起されるだろう。受動性は，自身の力で立てるようになる以前の乳幼児のモードである。この視点に立てば，治療者はもっと中立的になれるだろう。マーラーは，乳児が自立するには3年かかると指摘した。ヨチヨチ歩きの幼児は成長するにしたがって，受動的モードから能動的モードに徐々に変わっていく。子どもをよくみている母親ならば，食べさせてもらっていた子どもが，ある時点からスプーンをつかみ，自

分で食べようとすることに気づくだろう。子どもの能動的モードへの大きな
ステップは、攻撃者への同一化であり、子どもは自分に対してノーと言った
相手にノーと言い返すようになる（Spitz, 1972）。

　子どもは能動的モードになると、エディプス態勢に入る。愛されたいと望
む態度から、異性の親に能動的に愛情表現する態度に変わる。

12セッションするとしたら？

　心理療法は、数学的に考えられない。したがって、12セッションの面接
は6セッションの面接の2倍の効果があるとはいえない。しかし、12セッショ
ンあれば、確実な診断が可能となるだろう。アベル氏は構造化されていると
診断され、鍵になる問題は、分離不安と攻撃性への恐怖であることが気づか
れるだろう。治療者は、彼が鍵となる問題に気づくように、援助を始める
ことができるだろう。6セッションを超える面接があれば、患者は自分の問題
の本質をさらによく理解できるだろう。そうすれば、彼はもはや症状の治癒
を求めなくなるだろう。もっと長期間の治療の方がやりがいがあると解るか
もしれない。こうして適切な滴が加えられる。さらに治療が続けば、やがて
バケツは満たされるはずである。

20セッションあるなら、どうだろうか？

　20セッションあれば、治療にはさらに上質な時間が与えられる。上質な
治療とは、場当たり的ではなく、診断に基づいた方針に添って進む治療を意
味している。もちろん、時間が多ければ多いほど、より多くの水をバケツの
中に溜められる。20回のセッションの中で、アベル氏は、不安のために実
家から離れられないこと、職場では母親の保護がないので困っていることに
気づくことができた。

精神分析には及ばない治療も、先まで行けるだろうか？

　イエスである。よい資質に恵まれた患者ならば、精神分析に及ばない治療

でもエディプス葛藤に接近できるだろう。エディプス葛藤が大きな不安を生じさせた場合には，頻繁でない接触ではおそらく扱えなくなるだろう。楽観的に考えるならば，少なくとも週3回の治療は，正式な分析に近い成果をあげられるはずである。よく構造化されたよい資質の患者ならば，これは理論的には可能であるが，非常に稀なことであり，一般の患者には推奨できない。私が生まれつきの資質（特に，環境から引き出す能力）を重視している点に注目してほしい。

精神分析が可能ならば，どうだろうか？

よく構造化された患者で，分離不安がエディプス的衝動に対する防衛的退行であると診断された場合，このような診断は，予後がよいことをを示唆している。これを別の観点から見れば，神経症と境界例のパーソナリティの差異にも光を当てることになるだろう。アベル氏は神経症であり，葛藤に伴う不安に耐えられる構造をもつと想定して扱われるべきである。もし境界例であれば，あまり発達しておらず，構造化も不十分であるので，このような葛藤は現れないだろうし，むしろ構造を形成する方向で扱われる必要があるだろう。中水準の境界例，より確実には高水準の境界例患者は，適切な治療をすれば神経症的構造に接近できるはずである。

セッション頻度について

セッションの回数が制限された場合，治療者は目に見える以上に大きな制約と直面する。その場合，多くの週をかけてセッションを持つ傾向が生じる。そのため，頻繁に面接をした場合のようなしっかりした転移は形成し難い。治療者は，週1回で12週間会うか，それとも週2回で6週間会うかという決断をしなくてはならない。

これには厳密なルールはない。その決断は，治療者の「臨床感覚」に任される。その場合，対象とのつながりを維持し，治療過程の流れを殺さないためには，何が最善であるかという点を巡って判断されるだろう。フロイトは

「日曜日のカサブタ」を嘆いた。彼は患者と週6回の面接していた。そして，面接がない一日が抑圧を起こす時間を生んでいることに気がついた。つまり，患者は土曜日に明らかになったことを，月曜日には忘れていた。今日私たちの課題は，当時よりなんと困難になっていることだろう。

第12章

境界状態

　境界例（ボーダーライン）という術語は，誤った表現ではあるが，すでに学問の中に深く根づいてしまったため変えることはできない。私たちにできる最善のことは，それを明確に定義づけることである。境界例とは，一本の線を指すのではない。二本線で区切られた地理的領域のようなものである。一方の線の外側は神経症であり，他方の外側は精神病である。これら二つの病理の間にある領域が，境界状態（borderline state）である。

定　義
　発達論的観点から，境界状態を定義してみよう。マーラーによれば，この状態は，分離個体化過程の完了の失敗（同時に，心理的誕生への到達の失敗）を意味している[1]。この考えには，対象表象はある程度自己表象の一部として体験される，という想定が含まれている。以下に示すとおり，分離の程度を測る器具がないため，これを臨床場面で見分けるのは容易ではない。しかし，境界例パーソナリティ（あるいは，十分に構造化されていないパーソナリティ）の治療の本質は，二つの表象の分離を促進することにある。

どうしたら見定められるか？
　私たちはそれを探し出すために，習練を重ねる。患者はある程度，他者が

自己の一部であるかのような期待を懐いているが，その期待の程度を測る際には，「臨床感覚」が役に立つ。低水準の境界例患者の場合は，容易に見分けられる。彼らは，「自分の心にあることを治療者が分かっている」と期待しているからである。このような患者は，セッションとセッションの間に体験した出来事について，治療者が分かっていてくれるだろうと期待している。あるいは，一つのセッションの中で，患者がまだ何も話していないにもかかわらず，治療者が自分の伝えたいことを分かっていないことに困惑したり，「あなたは医者ですよね。答えを教えてください」と求める。

　ある患者は，来談する途中の出来事についての話題からセッションを始めることが多かった。あたかも治療者が立ち会っていたかのような調子で語り続けた。彼は，職場を出るときに起こった出来事についてよく話した。中には，来談の途中の地下鉄やバスの中の出来事に注目し，その話題から話し始める患者もいる。

　高水準の境界例患者の場合には，問題はもっと見分け難くなる。その理由は，患者が低水準の患者より強く現実と結びついているためである。治療者がすべてを分かっていてほしいという期待と，治療者には話さなければ何も伝わらないという認識との間で揺れている。この場合，スピッツのいう心の第三のオーガナイザー（つまり，意味論的コミュニケーション）の概念を参考にすれば，役に立つだろう。このように揺れる患者は，第三のオーガナイザーに接近しているものの，まだ到達していない。彼は，二者間の深い溝（chasm）に橋をかけなければならないことを承知していながら，時折は，そんな溝がなかったらいいのに，と望んだりする。

カーンバーグの貢献

　カーンバーグは，境界例の病理を三つの水準（低水準，中水準，高水準）に分けた。この分類は，診断および治療方針の決定のためにきわめて有効である。それは，境界例と呼ばれる単一状態が存在しないことを意味している。境界例と呼ばれる広い領域の中は，さまざまな水準の状態がある。

カーンバーグは，境界状態（condition）とは呼ばず，**境界パーソナリティ構造**（borderline personality organization）と呼んでいる[2]。この構造は，葛藤を抱えており，はっきりとした防衛機制が働いている点で神経症と類似している。その防衛機制は，**分裂**（splitting）である。つまり，悪い対象表象がよい対象表象から分裂排除（split off）される。この防衛の目的はよい対象表象を傷つけないためであり，悪い対象表象だけに怒りが向けられる。よい対象表象と悪い対象表象が融合していない事例については，後で詳しく示したい。

私は，**神経症**という術語を**構造化されていること**（structured）と同義語として用いている。そして，**境界例**という術語は，**十分に構造化されていないこと**（understructured）と同義である。

診　断

境界状態の正確な診断は，神経症の診断よりもはるかに難しい。すべての神経症は，個人差にかかわりなく，特定の要因を獲得できている。つまり，構造化・内在化・葛藤・防衛・妥協形成が存在している。

境界状態の場合，これらの要因の多様性は広範囲に及んでいる。診断においては，構造化の程度だけでなく，さらなる構造形成をどれくらいしなければならないかも査定すべきである。この治療の中心的な課題は，構造形成だからである。このような事例では，対象関係の水準，葛藤の有無と，その性質に特に注目する。葛藤の質は，前エディプス的だろうか，エディプス的だろうか，二つの混合物だろうか？　この質の区別が特に大切である。

エディプス葛藤

エディプス葛藤は，神経症の中核的葛藤である。境界状態の中核的葛藤は，分離個体化過程をうまく切り抜けられなかったことにある。繰り返しになるけれども，彼らは心理的誕生に到達しておらず，明確な同一性を獲得していない。そして，自己と対象関係は，エディプス態勢に必要とされる水準にま

で到達していない。エディプス的な水準は，両親との複雑な関係を含んでいる。言い換えるならば，三者的対象関係（triadic object relations）に自由に入れる心理状態ではない。

　しかし，境界例の事例でも，エディプス的課題に接近することがある。そのため，治療者は診断と治療の困難に直面する。できるならば，構造がより確かなものになるまでエディプス的課題は先延ばしにして，構造の形成を促進するべきである。

すべての性的願望は，エディプス的だろうか？

　乳幼児や子どもはエロス感情を抱く。臨床的には，それをエディプス的性愛と区別し難い。幼い子どもの場合，自己との関係が基本的に自己愛的である点は，その区別に役立つだろう。身体を探索し，性器から快感が生じることを発見したとしても，対象と関係している，と見なすべきではない。

前エディプス葛藤

　十分に構造化されていない患者は，主として前エディプス葛藤を抱えている。それは，自己表象と他者表象との間の葛藤である。つまり，一体化の願望と分離の願望（あるいは，愛と憎しみ）の葛藤である。

　順調に発達した場合，自己表象と対象表象の輪郭は，相対的には明確になる。そして，エディプス葛藤の中心へ進める。しかし，このような理想的な状況への到達はかなり難しい。十分に構造化されていない患者と比べれば，構造化されている患者は，二者関係（dyad）における自己表象と対象表象との間の前エディプス葛藤を多少とも解決している。そのため，三者的葛藤（triadic conflict）に対処しやすい。

防　　衛

　境界状態に付随した防衛と防衛機制の違いについて再検討するのは，有益である。防衛機制は，不安信号（signal of anxiety）に対する反応として，有

能な（構造化された）自我が用いるものである。この意味は，不安（葛藤の結果）の全部が体験されるのではなく，防衛を用いるための信号として体験されるということである。アンナ・フロイト（1936）は，神経症によくみられる防衛機制を列挙したが，すべてではない。彼女の列挙した機制は，抑圧，退行，逆転，隔離，反動形成，自己自身への向け換え，昇華などである。昇華は，防衛機制であるか，それとも欲動の正常な展開なのかは決め難い。

　防衛機制と比較すると，防衛は，構造化の不十分な患者が用いるものである。そうした患者は，明確に区別される機制を使えないため，何でも手当たり次第のものを用いる。多くの境界例患者は，融合願望（wished-for merger）を怖れている。そのため，防衛として距離を置いたり，怒りを用いたりして親密さに対して身を守る。

　神経症患者では防衛機制は難なく用いられる。いわば，もっとも優れた武器をよく備えた軍隊のようなものである。これに比べるならば，構造化の不十分なパーソナリティは，近代火器ではなく，棒や石のような力の劣った防衛に頼らざるを得ない。

境界例の防衛とは，どのようなものか？

　境界例患者は，治療者と少し離れた位置をとる。これは融合願望を防ぐためである。ある低水準の境界例患者（精神病水準に近かった）は，面接室のドアの近くに椅子を移し，できるだけ治療者から離れようとした。低水準や中水準の境界例患者のほとんどが，文字通り距離をとるわけではない。彼らは無関心だったり，あるいはボンヤリしたりして距離をとる。治療者に近づき過ぎて融合した結果，同一性を失うことを怖れる。彼らが，「あなたは私を包み込み，飲み込もうとしている」と言語化することもある。包み込もうなどと治療者が思っていないこと，そして，彼らが自分自身の願望に対して防衛していることを認識できるまでには，治療者と一緒に長い時間を過ごす必要がある。

　怒りも，構造化の不十分な患者の防衛に共通した形である。そのような患

者は，多くの理由で怒り，中には正当な理由もあるため，ややこしい。ここで検討しているのは，防衛としての怒りであり，治療者を寄せ付けないための手段としての怒りである。

　低水準の境界例は，このような原始的な形の防衛すらしない。非常に混乱しており，代償不全（decompensating）に陥らないためには特別な援助を必要とする。治療者の膝に座りたいと訴えた男性の場合，治療者は「あなたの母親ではありませんよ」，と言うこともできたかもしれない。これは，患者を現実につなぎとめる一つの方法であるだろう。

精神分析か心理療法か？

　来談する境界例患者のほとんどは中水準であり，精神分析よりも心理療法を必要としている。そうした患者でも長期に治療すれば，精神分析が可能になる。他方，低水準の境界例患者の構造を形成し，判断力や現実検討力のある有能な自我に育てるためには，多くの助けを必要とする。彼らは通常，必ずしも分析可能とはならない。

治療目標

　構造化の不十分なパーソナリティに対する心理療法の目的は，構造の形成，内在化の増進，対象関係の水準の向上である。これら発達の三側面は，相互に密接に関係しつつ展開する。治療者は，あるセッションで患者が提供した素材から一つないし二つの側面を扱う。三側面（triad）の一つに焦点づけても，三側面は完全には分かれていないため，必然的に他の二つの側面にも影響が及ぶ。これは，3本の糸を織り合わせて一つの柄を成すことに似ている。あるセッションで分離の側面が前景に出てくれば，さらなる分離の促進のために素材を用いる。別のセッションでは，構造の形成が課題になるかもしれない。そして，別のセッションでは，治療者や他者に対する患者の態度が目につくこともある。治療者は，姿を現したそれぞれの糸を拾い上げる。その際に留意すべき点は，拾い上げた糸がどこに絡んでいようとも，それは不可

避的に他の糸に影響を与えていることである。

予後

中水準や高水準の境界例患者は，発達を促進する予備的な心理療法を経れば，精神分析的な援助が可能となる。低水準の境界例に比べれば，構造化の程度が高いために，辿るべき発達の道は比較的短くて済む。

長期間の治療を行えば，低水準の境界例患者でもかなりの援助は可能である。高水準の境界例患者は，定義通り，神経症に近く，神経症的葛藤を呈する。退行が生じて厳密な分析手続きから外れる事態になったら，熟練した分析家は構造化に留意しつつ，技法を修正して分析するだろう。

臨床例

精神分析を約1年間受けて，患者は非常に退行した。分析家は，患者の夢からこれに気づいて警戒し始めた。その夢の内容は，砂浜で肌を焼いていた人々が，カモメに変身して飛んで行く，というものであった。

分析家は，種の変化について危惧した。このような変化は，有能な構造においては起こらない。患者は，砂浜にいる人々とカモメを見たことがあると述べた。しかし，夢の中では二つの種が混同されている。修復作業によって，退行を食い止めなければならない。昔の分析家は，境界例についてほとんど分かっていなかった。その頃は，患者の退行を食い止めるためにはカウチから起き上がらせるぐらいしか手段がなかった。今はそのような必要はない。患者を現実に引き戻してやりさえすればよい。私たちは夢は分析せずに，「本当に人が鳥になれると思いますか？」と問う。このように現実を強調することから，修復が始まる。やがては患者の生育史の中に，対象表象が非常に不明確で周りの人々が飛び去ってしまうように思っていた時期を探すことになるだろう。

別の患者は，対象の不在時に対象表象を維持できない点から，中水準から

高水準あたりの境界例と診断された。この診断は，治療の内側と外側における関係性の査定に基づいている。患者は再婚していたが，今の妻が自分を苛立たせるようになった場合にそなえて，三人目の妻になりそうな人はいないかと周囲を見回していた。このことから，治療者は関連しあった二つの問題に注目した：(1) 対象は交換可能である。つまり，気に入らなければ，代わりがある。(2) よい対象と悪い対象が，一人の全体としての表象へ融合していない。そのため，患者は安易に悪い対象を捨て，別のよい対象を探し求めていた。

　これは，治療の方向性を示唆している。つまり，よい体験と悪い体験が一人の人間から生じることを認識できるように援助する方向性である。そして，よい体験が優位を占める場合は，愛することが可能になるというより大きな善のためには，欠点も受け入れねばならないのだ，という認識に導かなければならない。

　手に入った素材に形を与えることを通して，これは実現される。この男性は，妻に対する日々の不満を訴えた。あるときは，彼女は外出の準備に時間がかかり過ぎた。あるときは，彼のコーヒーにクリームを入れることを忘れた。彼の怒りは，妻の欠点と釣り合っていなかった。妻よりも満足させてくれそうな別の女性との情事が話題になった。治療者は，この素材を用いて，彼が完全な女性を求める点について考え始めるよう援助した。これは彼の潜在的な現実検討力を刺激した。そして，「完璧な人が実際に存在するか否か？」「もしいたならば，その女性と幸せになれるか否か？」という問いと向きあえるようになった。彼は「ノー，その女性に飲み込まれてしまうだろう」と答えた。ここには，完全な理解を求める願望と融合願望（wished-for merger）への恐怖が働いているのが認められる。このように完璧なパートナーが存在するとしての話だが。この反応からは，彼が進展する方向性を選択する力を持っていることが分かる。また，治療者からの多くの介入がなくても，次の段階に進むための準備もできている。彼は，完全でよい対象が自分を不安にさせることに気づいた。そして，よいところもある悪いものを受け入れるこ

とについて考え始めた。正常な発達においては，子どもがよい体験と悪い体験が同じ人から生じていることを認識できたとき，二組の対象表象は融合する。

　この成人患者の治療目的は，人間的な欠点があっても人を愛せるように援助することである。フロイトが，1914 年に，病気に陥らないためには愛さなければいけないと述べたことが，想起される。

　別な患者は，セッションの冒頭に敵対的発言をして親密さを防衛した。この発言は，治療者を寄せ付けないことを目的としていた。たとえば，「今日は，だらしないですね」「先生の服は，いただけませんね～」「くたびれていらっしゃいますね」などと言って彼は面接を始めた。この状況がしばらく続いた後，治療者は患者を促して，それに注目させた。そして，想い浮かぶことを表現させようとした。すると患者は，「あなたを怒らせようとしていました」と言った。これは，治療の中で観察自我（the observing ego）を機能させる方法の一つである。

　セッションの冒頭で陰性の色調が生じる場合，「近づくな」という治療者への警告として注意すべきである。治療者は穏やかに促して，「辛辣な言葉」の度に，患者の目をそこに向けさせた。すると，患者は，そうしなければ陽性転移が生じていたことに気づき始めた。陽性転移から距離を取るために，それを必要としていたのである。これは望ましいサインであり，防衛の存在を示している。患者は愛を感じることができるが，それを怖れている。愛は融合へと通じかねないし，発達によって獲得したものは，何であれ維持しなければならないのである。

このような防衛をどのように解釈するか？

　境界状態の患者には，解釈は適していない。よく構造化された患者ならば，自己と対象表象の間に十分な距離がある。そのため，治療者は分離の深い溝の対岸から解釈できる。十分に構造化されていない患者は，治療者を分離した全体的他者として体験しないので，このような他者からのコミュニケー

ションを受け取ることができない。これについては，第6章で論じたとおりである。

　ある患者は，長らく愛人とつき合っており，気が向くと，妻のところから愛人のところにいそいそと通っていた。一方が不快になると，他方に移った。彼は，良い対象と悪い対象を融合させておらず，分離した全体的他者の表象を形成していなかった。もちろん，それは転移状況でも起こる。この場合の技法的な課題は，治療者に対して不快感を懐いた患者が治療から逃げ出すことを，いかにして防ぐかという点である。時期尚早に陰性感情を引き起こすことは，禁忌である。陰性感情を見過ごさず，抱えるパターン（holding pattern）の中に保持して，先のばしにする。治療序盤で，治療者に対する患者の欲求がはっきり固まってくると，転移の陽性面が形成されることになる。

以上のすべては，解釈されない。第6章で，十分に構造化されていない患者の転移がなぜ解釈不可能であるかを解説した。治療者は，陰性感情が生じる前に，一次対象への陽性備給が，転移の中で再現してくるように，それに集中すべきだというのが，ここで伝えたいポイントである。患者は，陰性感情が対象を破壊するのではないかと恐れている。そのため陽性転移という堅固な基盤を必要としており，この陽性転移の中で初めて陰性感情をもつという危険が冒せるのである。

　陰性感情は必ず現れる。陽性感情は，「貯金」である。陽性感情は，治療者を破壊する不安に圧倒されそうな患者を助けてくれる。最終的には，患者は同一人物に対して二つの情動を懐いていることに気づくだろう。

　これはよい対象表象と悪い対象表象の融合過程（the process of fusion）であり，通常は子ども時代に生じる。子どもは，良い情動体験も悪い情動体験も同じ人物から生じていることに気づく。それは，発達上の里程標である。陽性感情が優勢ならば，融合した対象表象との関係性を持続しつつ，発達はス

ムーズに進行する。ほとんどの（あるいは，すべての）境界例患者の生育史は，陰性体験が優勢である。子どもは適応するためによい対象にしがみつかざるを得ないので，そのため，融合は不可能になる。

では，防衛をどうしたらうまく扱えるか？

　もっともよい扱い方は，すでに例示したとおり，時間をかけて辛抱し，それをとりあげる道筋を探すことである。特に大切なのは，その価値を認めることである。患者が自分を防衛していることは喜ぶべきである。防衛がなければ，人間としてとうてい機能できないはずである。

　自己表象と対象表象の境界が明確になるにつれて，患者は自分を解釈しようとし始める。そうなるように患者に穏やかに働きかける。「そのようなことをなぜ言うのですか？」と質問しても，通常すぐに答えが得られるわけではない。治療者は，性急に成果を求めないように注意すべきである。この患者は，現実に言及して自分の話を正当化しながら時間を費やした。たとえば，「今日の先生は，本当にさえなく見えます」と現実に触れる話をした。時間と忍耐により，患者は現実を越えて，なぜセッションをいつも陰性の色合いを帯びた話で始めなければならないのか，その理由を探せるようになった。最終的には，患者は情緒的距離を必要としたことを理解した。

治療計画

　治療者は，週2回以下のセッションに設定したのでは，この患者の対象関係の水準での治療作業は捗らないだろうと判断した。簡単にいえば，患者は一貫した対象表象を保持できないため，転移対象となる可能性を孕んだ治療者を忘れてしまうだろう。対象を保持できない主たる原因は，発達上の欠陥と激しい怒りであり，それらが，対象のイメージを消去しがちとなる。この事例においても多くの場合と同じように，発達を促す力が彼を母親から引き離そうとしたとき，母親は過剰な親密さを維持しようとした。そのようにして母親は，早期幼児期の分離個体化過程の正常な進展を損なうことになった。

どうしたらそれが分かるのか？

　治療者の情報源は二つある。一つは，治療者といるときと，他の人々といるときの患者の行動である。もう一つは，生育歴である。患者が語った子どもの頃の話からは，分離への推進力に母親が耐えられなかったことが明らかになった。患者は，そのような例をいくつも挙げた。同じブロックに住む子どもたちと集団登校できる年齢になっても，母親と一緒でなければ登校させてもらえなかった。治療の長い期間にわたって，彼は治療者が自分を過度に必要としているのではないかと危惧していた。

　このような恐怖のために，多くの患者は治療者との頻繁な接触を喜ばない。患者は，いろいろなやり方で防衛しようとする。たとえば，時間やお金がないこと，家が遠いことなどを言い訳にするかもしれない。その克服は容易ではない。これも忍耐と注意が必要な領域である。患者は，治療者が過剰に自分を必要としている，という恐怖感を抱きかねない。治療者は，そのような恐怖感が生じる理由を与えないように配慮する必要がある。

治療の方向性

　この患者の心理療法は，対象関係の水準の向上をめざして行われた。当然，構造化と発達の全体が，この目標の一部をなしていた。怒りは過剰な親密さへの防衛のためのものだったが，うまく機能していなかった。怒りは，対象表象の保持を損なった。そのため，対象イメージは消去されて，彼は対象喪失に陥っていた。したがって，初期の治療は，より安定した内在化された自己と対象の関係性を獲得できるよう，援助することを目ざして行われた。自己と対象の関係性が安定してしっかりしたものになったとき，はじめて怒りは，現実および防衛として扱っても安全となった。

怒りに対して何をなすべきか？

　この患者の怒りの大部分は，母親の心理的な束縛に起因していた。発達過程にある子どもは，分離のために攻撃衝動を利用する。これが挫かれた場合，

このような攻撃欲動の有効利用が怒りに代わる。このことは，治療の後期で取り扱われることになるだろう。治療でまずやるべきことは，親密さへの防衛として怒りを利用していることに注意を促すことであった。

頻　　度

　神経症の精神分析を行う場合，望ましい頻度は週4回あるいは5回である。しかし，構造化の不十分な患者の場合は，もっと少ない頻度になるだろう。その理由は，神経症者ならば，セッション中に不可避的に生じる退行から回復できるが，境界例患者には退行からの回復能力をあまり期待できないからである。境界例患者を退行させて，現実への判断を失わせることは望ましくない。境界例患者には，週3回がよいリズムかもしれない。先に私は，週1回の治療には賛成しないと述べたが，それは，面接の頻度が少なければ，対象とのつながりの維持というもっとも重要な要素が失われるからである。

現実はどうか？

　この問いは，外的事象に関連している。患者は遠方に住んでいて，頻繁には来談できないかもしれない。出張の多い仕事に就いているかもしれない。頻繁なセッションに支払うだけの経済力がないかもしれない。私たちは，患者が提示する現実をよく吟味する必要がある。それはどのくらい現実的なのか？　このような事例は親密さに対する恐怖に支配されていることが多い。だから，この患者も防衛のために現実を利用しているのではないか？　もしも親密さに対する恐怖を減らすことができれば，治療の障害物としての現実は克服されるのではないか？

経済上の現実はどうか？

　私はこれには，苦労している。経済状態がよければ，選択肢はいくつもある。たとえば，別荘・車・ボートを持ち，休暇には旅行する患者は，そうしたぜいたくの一つを止めれば治療費をまかなえる。収入が少なくて支払えな

い人は，まったく別のカテゴリーに属する。収入の額は，しばしば動機づけと関係してくる。治療でよい体験をすることは，何よりも動機づけを高める。また，治療のもたらす利益として，職業上の昇進が起きる場合も少なくない。

〈原　注〉

1. マーラー（1971）は，分離個体化過程の変遷を検討した。そして，その過程の不十分さが境界状態という結果を作り出す，と結論づけた。心理学的誕生に達していない人間は，対象表象の一部として自己表象を体験することがある。個人によって分離を体験する程度は異なっているため，境界状態の診断と治療は難しい。
2. 論文「境界パーソナリティ構造」（1967）において，カーンバーグは境界状態論を提唱し始めた。彼の理論は，やがてこの病理を巡る診断・治療のための傑出した視点を提供することとなった。彼によれば，境界例患者は，神経症患者とは異なる防衛構造を組織化している。境界例患者は，対象表象を「全部よい」と「全部悪い」に分裂することを通して，憎しみへの防衛を組織化している。治療の目標は，この分裂を癒すことである。

　　『対象関係論とその臨床』（Kernberg, O., 1976）によれば，重度の病理の原因は，内在化された対象関係の異常な発達にある。欲動は，まず情動，つまり母性的対象との相互作用の中で活性化される行動パターンとして表現される。それが，対象関係の内在化と情動的記憶へ導く。

第 13 章

一次予防

　神経学的・身体的なハンディキャップをもつ子どもたちの治療のためには，さまざまなプログラムが実施されている（予防ではなく，事後的な治療としてある）。本章では，正常な子どもたちの発達的問題が生じる前に先手を打って，世話をすることを提案する。私の立場は，これまで一貫して論じてきたテーマに基づいている。すなわち，ある段階での発達が不充分であると，次の段階での適切な達成が損なわれる，ということである。

　子どもの観察学者たちの発見は，子どもや大人の治療にだけ役立つわけではない。発達過程における病的可能性を孕んだ状況を予防するためにも有益である。人生の最初の3年間は，自己と対象関係を含む心の構造を形成する上できわめて重要である。また，この間を適切に過ごせば，子どもは心理的誕生へと導かれる。したがって，観察研究とその理論的結論を，両親・教師・他の養育者の援助のために提供し，子どもが生まれたときからよいヘッドスタートを切れるように役立てたい。

　私は**ヘッドスタート**という言葉を慎重に使っている。スピッツ（私信）は，未就園児へのヘッドスタート計画は時期的に遅すぎると確信していた。まさに生まれたその時点から着手されなければならない。私は子どものもつ，環境から引き出す能力を重視する。しかし，非常に資質に恵まれた子どもでも，情緒的養育の供給物が存在しないところでは，それを引き出せない。ある患

者は，抑鬱的母親から生まれた。彼は，母親から情動状態を引き出して，長期間にわたる鬱病にかかった。

　一人の子どもを想定して，誕生時からの発達過程を辿ってみたい。まず，ハルトマンの適応の概念の再確認から始めよう。それは，有機体と環境との間の互恵関係，つまり，新生児と養育者との出会いである。インプットは双方から生じる。養育者は，まさにその子の世話を通して知りえたことに合わせて，慈しみと愛情ある反応をそそぐ。そして，子どもは，環境から引き出す能力などの生まれつきの資質を発揮する。この母子のペアにとっての最初の課題は，お互いを知り始めること——つまり，適合し合う方法を見つけることである。ハルトマンは，適応よりも適合（fitting together）を重要と考えた。しかし，私には，彼が不合理な区別をしたようにみえる。適合は適応の第一段階であると考えた方が適切だろう。したがって，ヘッドスタートとは，最初からよい適合関係を作り上げ，相互作用を作用－反作用－作用の形で続けていくことである。

よい適合とは，何か？

　それに言葉はいらない。それは二者関係（dyad）を作る二人が，互いに愛情をこめて手をさしのべ，その手が相手に届いたときに成立する。母親の側は，子どもに有頂天になり，子どもを抱いているときは，他のすべてを忘れてしまう。子どもの側は，一次過程を生きており，母親を自分の一部として体験している。この姿は，多くの絵画や彫刻にみごとに描かれている。それは，芸術家には満ち足りた子どもを抱く母親の顔の恍惚感を表現する力があるからである。

母親は，どのようにして子どもについて学ぶのか？

　身体の世話に伴う相互的合図（mutual cuing）は，きわめて重要な活動である。母と子は授乳したり，入浴させたり，おむつを交換したり，あやしたりする際に，互いに合図を送り合っている。抱っこと見つめることは情動的

なコミュニケーションを含んでおり，パートナー同士，互いに相手を知るにつれて読み取れるようになる。簡単にいえば，このとき対象関係の連鎖が発達し始める。つまり，その子どもは母親にとって特別になる。別の子どもといる場合は，同じ母親でも違っている。その理由は，別の子どもにはその子自身のユニークなインプットがあるからであって，それが，母親と子どもに，新しいやり方で相互作用をするように働きかける。

情動の役割

子どもが身体的，精神的に元気に成長する情動的風土（affective climate）について深く学ぶにつれて，エムディ（1999）の見解が正しいことが分かってくる。彼によれば，情動は，発達のさまざまな異なった側面を一つにまとめる縦糸である。情動は，発達が混沌としたものにならないように防ぐ働きをもつ。母子の日常の出会いの中で，情動は母子間を行ったり来たりして伝わっている。

早期の危険

これまで，正常な子どもが元気に成長する理想的風土について述べてきた。理想より劣った風土の場合はどうなるだろうか？　せっかちな母親，無関心な抑鬱的母親，精神病的な母親は，子どもの合図に反応しない。そのため，子どもは発達の機会，特に自己と対象関係を形成する領域での発達の機会を奪われてしまう。

手を抜く無関心な母親の育児を例示してみよう。理想的な母親とは対照的に，彼女は子どもの口のところに哺乳瓶を立てて置いたまま，放置して，身体的・情動的な接触をしない。赤ちゃんがたっぷりと眠り，むずからなければ，「よい赤ちゃん」だと考える。おそらくアベル氏の母親はこうだったのだろう。彼の母親は，完全に無関心というわけではなかったが，息子以外のことで手いっぱいになっていた。このような人生の始まりは，人生への期待を弱めたことだろう。もしアベル氏の人生の始まりがもっと情愛に富んでいたならば，

彼はもっと希望がもてるようになっていたのではなかろうか。

絆について述べているのか？

ノーと言わねばならない。絆（bonding）は，英国対象関係論の概念である。この術語は，ある人が別の人に情動的に愛着するようになるという意味で一般に知られるようになった。そのとおりだが，発達的対象関係論はそれにとどまらない（第5章）。私たちが重点を置くのは愛着ではなく，発展していく表象世界の中での自己と対象イメージの結びつきなのである。

私は自己イメージと対象イメージの結合ないし絡み合いの重要性を強調したい。なぜなら，作用－反作用－作用というサイクルにおける相互的な合図と反応は，単なる愛着よりもはるかに重要だからである。それは，発達途上における子どもが，養育者の一部を自分の心的表象の中に取り込み，同一性を確立していくにつれて，それらを自分自身のものにしていく過程を含んでいる。

目が覚めた赤ちゃんについて考えてみよう。彼は泣いて，母親を呼ぶだろう。母親が赤ん坊のもとに着く前から，足音は聴こえてくる。繰り返し何度も世話をされることを経験した子は，泣く，足音をきく，ベビーベッドから抱き起こされる，差し出された乳房にふれ，授乳されながら母親の顔を見る，というパターンを組織化し始める。心地よく抱っこされ，満足することは，そのゲシュタルトの一部になるし，母と子にとってとても幸福なこの時間に二人を結びつける情動もその一部になる。お腹いっぱいに乳をもらい，抱っこされたり，あやされたり，おむつを交換してもらったりする間，いつも母子は合図を送り合いながら相互作用している。赤ちゃんはベビーベッドに戻されて，満ちたりた眠りにつく。

何が起きたのだろうか？

情動的調和の中で互いに反応しあう自己と対象の体験が，自己と他者のイメージを形成する。それは，最初は結合したものとして体験されている。そ

れらのイメージは時間と体験によって徐々に分離していき，やがて安定して，生涯にわたって続く表象になる。

これは選択的同一化を含んでいるが，しかし，それを少し超えたところまで進む。分離個体化過程の進行にともない，対象の表象とともに対象の機能も自己表象へと移転されるのである（機能の移転は，第4章で記述した）。

一次予防とは，何を意味しているのか？

これを知るには，第4章で述べた各発達段階に沿って子どもの発達を辿ってみるのがよい。相補的な研究をしたスピッツとマーラーの結論に合わせれば，発達のすべての段階での母子相互作用を検討できる。訓練された鋭い観察者なら，子どもの発達を損なう前に母子関係の不均衡さを見抜くことができる。

例　1

極端に病原的状況では，子どもは微笑反応にたどりつけない。歪んだ発達が進みすぎる前に介入すれば，修正は可能である。ここで私は，ある段階での歪みは次の段階への到達のあり方を歪ませるというスピッツの発見を，もう一度活用している。

もし身体的・心理的に可能なら，子どもをもっと抱っこしなさい，と母親に教える。もし母親ができないなら（病気，鬱状態，精神病，アルコール依存，薬物依存，不在），他の人がすみやかに代わりをつとめなければならない。健康を損ねて入院した赤ん坊は，抱っこしてくれる看護師に顕著な反応をする。しかし，それは一時的なものである。入院は緊急の手段であり，同一の対象との結びつきの連続性を欠いている点で不都合である。養育者の変更は，三つのオーガナイザー（スピッツ，第3章を参照）と分離個体化過程（マーラー，第3章を参照）の順調な進展を損なう。対象が次々に変る状況では，一貫した対象の心的表象を形成できないからである。私は外側からの介入を提案しているのであり，以下にそれをより詳しく述べてみたい。

例　2

　ある子どもが，スピッツの第二のオルガナイザーへ到達した。彼は見知らぬ人を警戒するようになる。母親は，少し前のように，誰にでも人懐こく微笑みかけてほしいと望む。何か悪いことが起きているのかもしれない，と心配する。見知らぬ人への恐れが，母親への賛辞であると分かれば，母親もホッとして安心するだろう。しかし，私たちは，能力の乏しい母親は心配すらしないことも心に留めておかなければならない。

例　3

　すでに述べたように，アベル氏の両親は，彼が生後9カ月のときに外国旅行を計画し，数カ月前から予約しておいた。旅行の時期が来ると，両親は少し心配になったが，それでも行くことに決め，子どもたちを叔母のところに預けた。アベル氏は，ちょうど母親が「固有のリビドー対象」(libidinal object proper, スピッツ) になる段階に達していた。両親は，旅行に夢中になるあまり，心配もあったにせよ，「子どもは叔母をよく知っているんだし，まだ時間の感覚なんてないはず」と合理化した。彼らは，ほぼ「ほどよい」両親であったが，自分自身の心配に耳を傾けることをしなかった。
　このようなことはしばしば起こるので，深く検討する価値がある。母親の多くは子どもから離れたくなるが，その理由は，子どもが発達して自分から離れ始めたことを感じ取るためである。このような母親は，子どもがマーラーの図式における分化期 (subphase of differentiation) に到達したために，そのような経験をするのである。母親が自分にぴったり寄り添っているかわいい赤ちゃんを楽しんでいたとしても，心理的・身体的変化が生じて，もはや子どもは母親の身体にまとわりつかなくなる。今やより広い対象世界への興味・関心が急激に高まり，子どもの筋肉組織も発達する。それが母親からの，分離を促進する。母親はこれを拒絶されたように感じて，お返しに子どもを拒絶するのである。

どうしたら予防できるか？

　もし子どもの発達過程について定期的な相談を受けていたら，アベル氏の両親は長期間の旅行に出かけるのを考え直すように勧められていたことだろう。その際，子どもに深刻な反応がおこる危険性も伝える必要があるだろう。実際，この子は両親の帰国後の2日間，母親に自分を触らせようとしなかった。母親はかなりの衝撃を受けて，このようなことを二度としないと約束した。その後，子どもは元通りになったかのように見えた。残念ながら，対象関係の連続的な形成の中断は，消せない傷を残した。こうした傷が後にどうなるかは，子どもによって異なるので，一概にはいえない。生涯にわたって持続する分離不安だろうか？　不信感だろうか？　怒りだろうか？

　一次予防（primary prevention）は，小さな介入によって構成される。次に私は，その小さな介入が子どもの発達に大きな影響をもたらすことを伝えたい。

例　4

　早期練習期に入ったヨチヨチ歩きの幼児と母親が海辺にいる。子どもが好き勝手な方向に這っていくと，母親が別の方向に子どもの向きを変える。彼は元の方向に這っていこうとするが，母親はまた変える。それでも，彼は同じ方向に這っていく。母親は，また向きを変える。いずれの場合も，子どもに危険は，まったくない。この子はひどく妨害された練習期を経験し始めている。直立歩行をするようになったら，妨害はさらに大きくなるだろう。これは母親に問題がある。彼女は子どもの動きをコントロールしたがっている（特に，子どもが母親から離れて自立しようとするときに）。子どもは，達成の高揚感も，発見の喜びも，健康な自己愛的な快感も失うだろう。健康な自己愛は，自尊心・イニシアティブ・冒険心・勇気を形成する。

　この母親のコントロール欲求は，おそらく自我親和的である。つまり，援助が必要な問題とは感じていない。両親が話の分かる人で，問題を前にして援助を受け入れることを社会的・情緒的に妥当と考えてくれるなら，それは理想的風土と言えるだろう。

例　5

　ある子どもは，適切な練習期を経て，再接近期に入った。彼は運べるものすべてを持ってきて，母親の膝の上に置く。また，母親が何か別のことをしているときは彼女の脚につかまっている。練習期の彼は独立したしっかりした子に見えたので，母親は喜んでいたが，今の彼は母にしがみついているので，彼女は失望してしまう。母親がこれを望ましい発達ではないと感じた場合，子どもの独立を促そうとして，戻ってきた子を拒んでしまう。しかし，子どもは再び冒険にでかける前に，基地に戻ることを必要としているのである。

　再接近期の欲求を理解していない母親への説明は難しい。人見知り不安の場合と同様に，母親には退行した振舞いにみえる。何か間違いをしたため，このような状況を引き起こしてしまったのではないかと罪悪感さえも抱くかもしれない。良心的な母親なら，子どもの行動についての説明に応えて，自分にまとわりつく欲求をしばらくの間は受け入れるだろう。

情動の嵐

　これは，一般に「おそるべき2歳児」とよばれる。この癇癪は，親にとって理解し難い。子どもの中で何が起きているかが分かれば，大目にみられるだろう。子どもは，葛藤し合う願望に引き裂かれている。簡単にいえば，「こっちに来たい」と「あっちに行きたい」と，二つを同時に望むようなものである。実際にはもっと複雑だろう。しかし，この非常に単純化した説明は，不可能な両価性についてのイメージを描き出している。発達がさらに進み，現実検討力が増大すると，この両価性は乗り越えられる。

保育所について

　多様な保育施設（day care）がある。一度に数名の子どもたちを個人の自宅で預かることもあれば，さまざまな質の保育施設に預けられることもある。そのような施設が子どもにも母親にも素晴しい場合が理想である。不幸なこ

とに，質の悪い保育施設の方が多い．その質を決めるものは，子どもと保育者の割合，スタッフの教育と気質，施設の設備とスタッフ配置などである．保育士一人とアシスタント一人のペアが世話を担当する場合，1歳以下の子どもは2人以下，1歳～2歳は4人，2～3歳なら5～6人という配置がよいだろう．

　3歳以下の乳幼児には，保育施設の利用限度は4時間にするべきである．働く母親にとっては，不便であるが，家での養育の代わりとしての保育施設の利用は奨励できない．保育施設に1日7時間以上いる子どもたちは，不安定になる．彼らは過度に刺激を受け，昼寝しても疲れすぎていて，怒りっぽい．特に，対象の心的表象を維持するために無理をしている．対象表象の維持に失敗すると，子どもたちは不安定になる．観察者の目には，疲れて，気むずかしく，混乱しているように見える．内的には，子どもたちは対象喪失を体験しているのである．

働く母親は何をするべきか？

　もっともよい形は，祖母が母親の代わりをすることである．今日では複合家族で一緒に住まないため，それは通常不可能である．その次によい形は，仕事を続けながら育児することであるが，それに必要な条件は満たし難い．今日の社会は，まだ働く母親に便利な状態に到達していないが，将来は当然のことと考えられるようになるだろう．

　赤ちゃんを職場に連れて行く条件は，まだ一般に整えられてはない．それを認める職場がまれにあっても，幼い赤ん坊にしか適していない．赤ん坊が這い出したら，母親は仕事ができなくなる．職場に保育施設を設置することが，現実的な解決策だろう．母親はそこで授乳できるし，様子も見に来て，子どもが年長になれば一緒に遊べる．

　私は，広い意味での子どもの世話について論じている．私たちは，子どもたちがよい養育，よい学校，欲求に応じたよい食物を得られるように，十分配慮しているだろうか？　私はまだ十分ではないと思う．

いつから一次予防を始めるか？

　理想的には，親自身がまだ子どもの頃からである。よい親になることは，よい親に育てられることから始まる（Blanck, 1987）[1]。時間をさかのぼれない以上，それは実際的とは思えないかもしれないが，よい親に育てられることが，有能な親になるための直感的な素養となる，と考えることは大切である。また，よい子育ては，それを願う人には教えることができる。一次予防のために適用される発達理論は，発達が損なわれる前に間違いを正すことを可能にする。

子育てはどのように教えるべきか？

　これについては，学校教育において，生活技術といった課目の中で少しだが教え始めている。性教育は，子育て教育とも繋がっている。男子も女子も人形を用いた体験学習をしたり，保育園を訪問して本物の赤ん坊をあやしたり，素朴な発達理論を教わることもある。彼らが子育ての意味深さを理解するようになったら，十代で親になろうなどという気は起こり難くなるはずである。

知的に過ぎないだろうか？

　イエス，よい親に適切に育てられなかった男子・女子には，受け止められない。あるいはまた，彼らが引きずっている自らの欲求を介して理解できるかもしれない。この点はさらに考える必要がある，と提案したい。生物学的に親になる力が備わっている以上，私たちは受胎行為に付随する何らかのよい親になる能力も，先天的に持っているのではないだろうか？　これについては研究されていないので，私は答えを知らないままに提案している。しかし，それは理にかなっていると思われる。

新しい職業

　スポーツやボディビルディングには，コーチや専属トレーナーがいる。学

習には家庭教師がいる。しかし，子育ては，看護師・ベビーシッター・祖母・小児科医，そしてさまざまな本によって場当たり的に教えられるだけである。発達理論の知識を持って親を導く職業は，今はまだ存在しない。確かに子どもの治療者はいるが，多くは何かがうまくいかなくなったときにしか相談されない。それでは，しばしば遅過ぎるし，誰もが利用できるわけでもない。

　もし，子育て教育が学校教育の中の基本事項とされるならば，その子どもたちが親になったとき，育児のコーチも当然の流れとして行なわれるようになるだろう。

人は母性と父性を感じるようになれるか？

　誰でも感じるようになれるわけではない。私は刑務所で若い男性の集団療法の場面を観察したことがあるが，彼らのほとんどは軽微な罪（ささいな盗みや薬物所持）で捕まった人たちであった。彼らには父親がおらず，父性という概念も持っていなかった。しかし，彼らの全員に子どもがおり，複数の女性との間に子どもがいる者もいた。子どもと一緒にいたいか，と問われて，彼らは当惑していた。彼らは，家族の中に自分の居場所があるなんて想像できなかったので，妻子と一緒に暮らすということを理解できなかった。グループリーダーは，「なぜ子どもに父親が必要なのか」そして「父親は子どもと一緒にいることで何を得るか」について説明しなければならない窮境に立ち至っていた。

　アベル氏の事例で考察したような父親の役割について，彼らに教えられるだろうか？　否，それは，電話のかけ方だけを知りたいと思っている人に向かって，エンジニアに電話の仕組みを解説してもらおうとするようなものである。おそらく刑務所にいた彼らのような人には教えることはできない。たとえ教えられても，ほんのわずかの人だけにとどまるだろう。彼らにコーチをつけ，自分の子どもと年齢相応の交流ができるよう援助することは，試してみる価値がある。中には父親であることの喜びを経験できるようになる者もいるかもしれない。

コーチは，どのように介入するか？

　正しい方法についての記述はあまりに多く，あふれんばかりである。しかし，正しいことが必ずしも親には心地よくないことは，考慮されていない。コーチの方法の一つは，子育てが楽しいことを親に示すことである，と私は以前述べたことがある。

　乳幼児は報いてくれない，と一般に信じられている。つまり，彼らは多くを求めるが，少ししか与えてくれない。微笑反応も，抑鬱状態の母親を喜ばせてくれないことがあるかもしれない。そのときには，コーチが赤ん坊に積極的にかかわる。それは母親の抑鬱を治せないだろう。しかし，子どもが環境から何かを引き出そうとするとき，母親の抑鬱感情しか引き出せない，という取り返しのつかない結果を回避できるだろう。

　　患者は父親の死後に生まれた。母親が喪の中にいたことは明らかである。大人になってからの彼の治療の中で，母親の悲しみは止まず，やがて生涯にわたって続く鬱病になったことが明らかになった。彼は仕事の面ではほどよく機能していた。しかし，女性との恋愛関係はまったく持てなかった。彼の全般的な情動状態は，軽度の抑鬱であった。彼は，それを治療者と分かち合おうとした。彼にとって，治療者が抑鬱的ではないと認識することは苦痛だった。ここで問題が生じる。つまり，治療者は彼を引っぱり出して，正常な情動を体験させられるだろうか？　これは，限られた範囲でのみ可能なことが明らかになった。それが，母親表象からの分離を促したからである。たとえ病的表象であったとしても，彼は母親表象と情動的に強く結びついていた。もし彼がそこから完全に引っぱり出されたら，対象喪失を引き起こしていただろう。その後，妥協形成がなされて，彼はあるときは治療者の情動に同一化したり，あるときはしなかったりするようになった。

一次予防によって何が可能か？

　夫が亡くなっているのだから，母親の妊娠中に介入が必要だったのは明らかである。コーチがいたら，母親に赤ん坊を迎える心の準備をさせることができただろう。どの程度母親が抑鬱のために援助を必要としているかを判断できていただろう。そして，子どもを「スタート」させられるように，母親に準備させることができていただろう。

どうしたら**抑鬱的母親**を援助できるか？

　混乱していたり，抑鬱状態にあったりする母親は病気のために援助を必要としており，援助されるべきである。一方，私たちは子どもにも修復不能な損傷をこうむってほしくない。このような場合，コーチは単なる教育や実地指導を超えて，もう少し深くかかわる必要がある。前述のとおり，子育てがどんなに楽しいかを見せて教えるのがよいだろう。しかし，抑鬱的母親は，当然，楽しさを経験できない。そこで母子双方への援助が必要である。つまり，母親は抑鬱の治療を受け，その間，子どもには質のよい保育施設を早くから用意し，正常な情緒をもつ対象を経験できる機会を子どもに与える。

それは，心理療法ではないのか？

　それは定義によるだろう。二つの仕事が重なり合っていることは疑いない。私は，心理療法家がコーチになるべきであるとか，コーチが心理療法を学ぶべきであるとか，といっているわけではない。二つの異なる技法が必要である，といっているのである。

どこが違うのだろうか？

　心理療法家は精神分析的発達理論のもとで訓練をつみ，無意識のファンタジーを理解し，自分自身の分析を受け，事例のスーパーヴィジョンを受ける必要がある。心理療法家の仕事は精神病理の修復である。

　コーチは児童観察派の知見を知り，病的な結果が生じる前にそれを予測し

て積極的に介入する。コーチの仕事は精神病理の予防である。

コーチは何を学ぶ必要があるか？

　子どもの発達に関する実用的知識が必要である。これは子どもの治療のための訓練とは異なる。治療は修復的であり，コーチングは予防的である。コーチは，発達が危機的段階に陥る前に家庭に入り，両親を正しい方向に導く。問題が起こってこないうちに，問題を予測して予防しなければならない。そのため，両親に受け入れてもらうのはなかなか難しい。身体の病気に喩えるならば，病気になる前に病気を予防するワクチンと同じように，ワクチンを打たなかったら病気になったのかどうか，証明はできない。それでも，ワクチンは一般に受け入れられている。生後数週の間に乳児と母親が望ましい交流をもたなかったら，その子の組織化は微笑反応をする地点にまで至らないだろう。そのような深刻な発達上の失敗が起こる前に，微笑反応が生じない可能性があることを説明してはどうだろうか。

他の理論については考慮するべきか？

　現在は，異なった，時に矛盾するいくつかの理論が存在している。将来は，さらに洗練されていくだろう。一時的な流行で過ぎていく理論もあるだろうし，より重要視すべき理論もある。私は精神分析的発達心理学の理論について述べてきた。コーチは，偏らない折衷的な訓練プログラムで学ぶべきであろう。そして，もっとも納得できる理論を自分で選ぶのがよいだろう。

このような考え方は，ユートピア的だろうか？

　もちろんそのとおりである。それは，万人のための適切な健康管理・食物・住居・学校を目ざすと同じように，理想を目ざした考えなのである。

〈原　注〉

1. 『ほどよい親になる方法』(Blanck, G., 1987) は，親に向けて書かれたもので，どのように子どもの素質を引き出して，最大限まで発達させるかを明らかにしている。私は5人のおとなの生活歴を提示した。そして，親が年齢特異的な発達のタイミングを摑み，適切に介入できていたならば，精神的な病を防げたかもしれないことを明らかにした。

第14章

3歳以後の人生

　分離個体化過程の後の発達段階を公平に扱うならば，各段階に1冊ずつの本を必要とするだろう。この仕事には，すでに終わったものもある。たとえば，ブロス（1968）は青年期について，ブランクとブランク（1968）は発達段階としての結婚について，ベネデク（1959）は子育て中の両親（parenthood）について検討した。しかし，これらの仕事は，著者の好みの特別な発達段階を扱っている。そのため，誕生から老年期までの発達段階の全部を連続的に提示しつつ，その部分を検討する形ではない。エリクソン（1959）は，ライフサイクルについて記述したが[1]，それは本章で論じる理論と似ているものの，正確には同じではない。

　それぞれの発達段階は，深く検討される価値がある。本章では，各段階を連続的に概説する。そして，ある段階での発達目標を達成できるか否かは，前の段階の成功に大きく依拠することを明らかにしたい。また各段階に固有の発達課題についての再考も試みる。その結果，さらなる研究を必要とする発達理論の領域が明白になるだろう。

エディプス・コンプレックス

　3歳から6歳の頃に構造がかなり完成していれば，エディプス態勢（oedipal position）が始まる。フロイトは，自己分析によってエディプス・コンプレッ

クスを発見した。彼は，それを神経症の中核的葛藤と位置づけた。この葛藤の源泉は，通常，性的願望が異性の親に焦点づけられ，同性の親がライバルとみなされることである。これが神経症における中心的な特徴であり，厳密な意味での精神分析では特に重視される。

　フロイトは，自らの発見の基盤を神話に見出した。それは，息子（エディプス）が，知らないうちに（無意識のうちに）父親を殺し，母親と結婚したという神話である。神話とは普遍的な真実を表すものである。ソフォクレスは，人間のもつ無意識的ファンタジーを演劇にした。ギリシャ人は，舞台で演じられるソフォクレスのドラマを観て，それと一体化することができた。彼ら自身の無意識的ファンタジーが表現されていたからである。それは，われわれの無意識的ファンタジーをも表現している。結局，エディプスは，母親と性的関係を結んだことに気づき，自分の目を潰す。これは象徴的去勢である。

それは，どのように見えるのか？

　フロイトは，エディプス・コンプレックスを三角形として表現した。彼の幾何学には疑問を感じる（Blank, 1984）[2]。もし正三角形ならば，子どもの位置をうまく表現していない。子どもと親を同じ立場に置いているからである。もし二等辺三角形ならば，子どもを両親からあまりに遠い所に位置づけることになる。私は，親が直線の両端にいる形が，この複雑な関係をうまく表現していると提案した。それぞれの親に対する気持ちが揺れ動くにつれて，子どもは直線上を移動する。ある瞬間は母の方へ移り，ある瞬間は父の方へ移り，時には中央に位置することもある。

　この図によって，エディプス態勢に接近した子どもの揺れ動く忠誠心を表現できる。この頃，対象関係における関心は，一方の親から他方へと移動する。多くの場合は，子どもは異性の親への性的関心に目覚める。

　フロイトは，陰性エディプス態勢（negative oedipal position）をエディプス・コンプレックスの中に含めて記述した。陰性エディプス態勢では，子どもは

むしろ同性の親へ好意を寄せる。フロイトはこれを発達的なものとみなし，陽性の態勢に先立って現われると考えた。

陰性エディプス態勢は，防衛的なものでもありうる。フロイト（1911）は，パラノイアに関する議論において，陰性エディプス態勢の防衛的特徴を記述した[3]。この防衛的定式とは，「あなたを憎んでいないし，排除したいと望んでいない。つまり，あなたを本当は愛している」というものである。

それは，どのように生じるのか？

理想的には，子どもが心理的誕生をして同一性を獲得した後に，エディプス態勢は到来する。現在，人生には何度かエディプス危機が到来すると考えられている。それは，早期幼児期，青年期，早期成人期（young adulthood），結婚の頃，子育ての頃である。発達が申し分なく進むならば，それぞれの時期でエディプス・コンプレックスは衰退していく。

エディプス態勢の第一期に十分に到達できるか否かは，子どもが前エディプス期の分離個体化の問題からどの程度まで自由であるか，それともそれに悩まされているかにかかっている。この葛藤は，自分の性欲と両親に対する態度を複雑にするため，きわめて困難なものである。早期の段階で解決されるべきだった問題が混合しなければ，十分にこの葛藤は耐えられる。しかし，もし前段階の問題が入り込んで，子どもの発達能力を歪めたならば，より困難になるだろう。

神経症の中核的葛藤とは，どのようなものか？

前エディプス期の生活が比較的良好に過ぎていれば，構造は形成される。今日では前エディプス期にも葛藤が存在すると考えられているが，それは質的に異なっている。分離個体化過程が進行すれば，自己表象と対象表象との間に葛藤が生れる。構造化によって，葛藤は構造の内側に存在するようになる。イドは願望を抱き，超自我は禁止する。自我は，葛藤が作り出した不安を防衛する。つまり，葛藤は，自我によって調停されるものの，解決されない。

こうした防衛活動の中で，自我はイドと超自我の間の妥協交渉を行い，神経症と呼ばれる不安定な平和が形成される。

構造化が不完全だとしても，人間はみな何らかのかたちでエディプス態勢に接近するだろう。しかし，そこには議論の余地がある。精神病的構造は，エディプス的戦いを歓迎できるだろうか？　私は，原始的・肉体的なエロス的関心は，エディプス水準における対象に関係づけられた関心と区別すべきだと考える。

対象関係の要因

結局，エディプス態勢も，対象関係の態勢である。古典的には，欲動理論の術語で記述されてきた。つまり，リビドーが異性の親に備給される時期だというように。エディプス態勢は，口唇期から肛門期，そして男根期へと向かう心理性的発達の一部であり，性器性の前駆体とみなされた。フロイトは，性器性（genitality）は，性的交渉が可能となる思春期以後に初めて達成されると考えた。

しかし，欲動理論だけでは，エディプス態勢の全体を公平に取り扱っていないため，部分的にしか記述していない。女の子に男根期が存在するか否かに疑問が懐かれるため，特に問題となっている（Edgcombe and Burgner, 1975）[4]。

エディプス態勢は実は両親への感情や態度を表現している。そのため，対象関係の視点からの理解によって，私たちの視野は広がるのである。通常の場合，両親への感情は，愛情，陰性感情，エロス的感情，それに恐怖である。

接近とは，何を意味しているのか？

すべての人が同じ形で，同じ時期あるいは同じ場所でエディプス態勢に到達するわけではない。不適切な前エディプス期の経験に重荷を負わされて，エディプス態勢に「足をひきずり」ながら入る者もいる。エディプス・コンプレックスを視覚化するならば，いくつもの円に包まれた目標かもしれない。外側の円には到達しても，中心の目標までは到達しない者もいる。それは，

エディプス態勢に接近しながらも完全には到達しない状態を表現している。この表現は，エディプス・コンプレックスが神経症構造のまさに中核をなすとする精神分析的治療において，特に重要な意味をもつ。

それは，どのように終わるのか？

　心的表象は決して失われず，生涯にわたって固着したままであると述べた。したがって，エディプス願望の残滓（residual oedipal desire）は，後の発達段階のすべてに浸透するといえるだろう。それは，各段階の発達課題が，個人をエディプス願望の解決へとつねに近づけていく，ということを意味している。その解決は，分析が終わっても，相対的なものであるに過ぎない。この意味では，解決というよりも弱化と読んだ方が正確であろう。

　複数の用語で同じ事柄を定義しようとする場合は，そこにはつねに不確定さがある。エディプス・コンプレックスの解消（あるいは解決）は，抑圧，衰退，消滅などの術語で表現されてきた。このことは，問題が落着したといえない居心地の悪さを反映している（Blank, 1984；Loewald, 1980）。古典的立場では，エディプス・コンプレックスには殺人と近親相姦が含まれており，そこには解決の余地はほとんどない。あるいは，レーワルドの適切な記述のとおり，衰退の余地もほとんどない。

　通常の家庭では，エディプス期のかなり前から子どもは両親を愛するようになる。異性の親への性的願望は，同性の親への愛に影を投げかけるかもしれないが，それを消し去ることはない。ジェイコブソンは，もっと愛情のある解消を提案した。子どもは競争心を同一化に置き換える。同性の親への愛情が，競争心に打ち勝つのである。愛する同性の親に同一化することによって，子どもは同性の親のようになるために競争的願望を放棄する。

それは，本当だろうか？

　3歳児が競争相手を殺したいと望んでいるとして，その子は果たして死の意味が分かっているのだろうか？　男の子も女の子も，同性の親を殺した

いという願望が，永遠に親を始末してしまうと本当に信じているのだろうか？　それとも，それは一瞬の気まぐれであり，次の瞬間には，親を取り戻したいと思うのだろうか？　大人にとっては，死はどうしようもないもの，と分かっていても，受け入れ難い。3歳児は，死が永遠であると分かっているのだろうか？　むしろ，願望の高まったときは母親にさし当たって邪魔をしないでいてほしいけれども，母親への欲求が出てきたらまた戻ってきてほしいと思っていないだろうか？　もし母親が永遠にいなくなってしまったら，誰が寝かしつけてくれるのだろう。このような瞬間瞬間の願望は，いくつもある問題の一つに過ぎないと指摘したい。つまり，同じ日の別のときには，母性的な慰めを求める退行が取って代わるかもしれないのである。

　男子の退行も同じである。しかし，男の子の場合，欲求が異性の親に向けられるため，しばしばエディプス的欲求と誤解される。しかし，退行した状態における欲求は，前エディプス的母親への欲求を表わしている。通常私たちは，苦しくなると前エディプス期母親からの慰めを切望する。マーラーによれば，私たちは母親との共生をゆりかごから墓場に至るまで熱望するものだ。

潜伏期

　潜伏期（latency）は，葛藤から無縁の一時的な休息期間を子どもに与える，と考えられている。その期間子どものエネルギーは学習に向けられる。小学校時代は，性的願望や攻撃的願望からさしあたり自由な時期と考えられている。しかし，これは理想形だろう。ある段階における不適切な発達は，次の段階の重荷となるという仮定に立ち戻って考えれば，文字通りの潜伏期（性的願望と攻撃的願望の潜伏）に本当に入れるほどの完全な分離個体化期と完全なエディプスの解決がありえるかは，疑問である。

　多くはバランスの問題である。分離個体化過程の達成の不十分さは，同一性の獲得の失敗や，対象恒常性の獲得の失敗の契機となる。また，もしエディプス的問題が生じても，それに対処できないかもしれない。このような障害物があると，いわゆる潜伏期の子どもは，潜伏期が意味する一時的平和の享

受を妨げられてしまう。潜伏期が適切なものであれば，思春期が訪れるまで葛藤の一時休止は続くだろう。

思春期

　ジェンダー・アイデンティティは，四つの段階を経て確立される。第一に，生まれつきの一次的男性性あるいは一次的女性性がある。第二に，両親による乳児のジェンダーの認証がある。通常，それは身体的属性と一致している。第三に，生後2年目の子どもによる，自分と同性の親との同一化がある。第四に，思春期（puberty）がジェンダー・アイデンティティを決定づける。

　同性愛が正常な選択か否かについての議論は，本書の射程を超えている。また，不確かなジェンダー・アイデンティティと不確かな身体的イメージから派生した多くの病理（たとえば，フェティシズムや摂食障害）の議論も省略しなければならない。しかし，思春期の劇的な身体的変化のために，発達過程にある子どもが，現実をひどく歪曲せずに自らのジェンダーを否認することは困難である点については，特に注目しておきたい。ジェンダー・アイデンティティを獲得すべき前段階で，しっかりしたジェンダー・アイデンティティを形成するのに失敗したと推測される子どもの思春期は，混乱と葛藤と病的幻想をともなうものとなる。このような侵害は，発達段階として思春期を活用できない事態を引き起こす。つまり，ジェンダー・アイデンティティの発達と同性の親との更なる同一化は，滞ってしまうだろう。

　もし思春期が，前の段階の不十分さによってそれほど侵害されずに順調に到達されていれば，それは将来大人になるための準備を整える上で，役立つことだろう。

　通常，女の子は男の子よりも早く思春期に到達する。身体が丸みを帯び，胸が膨らみ，初潮が訪れて，たくさんのファンタジーを抱く機会が増える。通常ファンタジーは，大人になる準備として，自分自身を一女性としての未来に投影するために使用される。しかし，ファンタジーが病的に用いられることもある。その場合，女の子は身体的変化を否認・拒否し，その変化を止

めることも逆転することもできないために，現実と折り合いがつけられなくなる。女の子はまた，出血に対処しなければならない。それは，損傷・傷つき・去勢・痛みなどのファンタジーをもつ契機となる。正常な場合，来るべき母性についてファンタジーを描く機会ともなる。自分自身に満足している女の子，つまり健全な自己愛を所有している女の子は，女性性（womanhood）の到来を告げる思春期を喜んで迎えるだろう。

　男の子の成熟は，一般に女の子よりも遅く，その始まりは人目につかない。思春期の最初の徴候は，陰毛の成長と精通であるが，この劇的事件は，胸の膨みなどの女の子の最初の徴候のようには，外部からはっきりと見えない。そのため，男の子は，男性性（manhood）を他人に気づかれない形で体験する。外的変化がとてもゆっくりとしか生じない状況の中で男の子は一人の男性として世界と向き合わなければならなくなる。女の子の場合と同様に，現実の否認は男の子にとっても深刻な心理的結果を招く。

　どちらの性にとっても，思春期は再び性的願望が前景に現われる時期である。真の潜伏期が存在するとしたら，思春期は覚醒を意味する。前述のとおり，潜伏期が完全なものであり得るか否かには疑問がある。思春期には，エディプス願望を含めた性的関心が強力になる。願望を達成できる状態になったにもかかわらず，それは遅延されねばならないからである。遅延の理由は，身体的成熟と心的発達は並行して進まないからである。身体的には性的交渉や子育ての準備ができているかもしれないが，心の準備ができていない。たとえ身体的準備が整っていたとしても，未熟な性的関係は，この段階にふさわしい発達を損ねるだろう。思春期（あるいは青年期も）は，大人としての責任を背負うための教育と発達のための時期である。したがって未熟な性的関係を持つことは，その時期を短縮することになってしまう。

青年期

　人生のそれぞれの段階には，段階特異的な発達課題がある。前の段階の課題解決の不十分さが相対的に障害物とならない場合，固有の課題は十分に遂

行される。青年期には，エディプス的課題，分離個体化と同一性の課題がある。家庭外に関係性を求める身体能力に助けられて，エディプス的問題の衰退過程が一歩前進する。決して完了されない分離個体化は，青年期には第二ラウンドを通過することとなる（ブロス）[5]。つまり青年は，親との結びつきと自己実現との葛藤を体験する。同一性については，自分のジェンダーの最終的な受容，自分の人生で演じるべき役割，異性との関係の取り方が課題になる。

　子どもをもうける能力は，大きな障壁として青年期に立ち塞がる。われわれの文化において，青年期は教育や仕事のための準備期間である。青年は，この間の教育と準備によって，やがて親のサポートから自立できるようになる。そのため，青年期に親になることは時期尚早であり，大きな邪魔物となる。それは，分離個体化過程の完了を目指した発達も妨げる。親となった青年は，自分自身の親から分離できなくなる。そして，おそらく未解決のエディプス的要因や，あるいは抱いて可愛がるために赤ちゃんが欲しい，という共生的願望に基づいて行動する。その赤ちゃんが自立的になってくると，十代の親の多くは赤ちゃんにあきあきしてしまう。

　青年期の混乱は，より早期の段階（再接近期）の混乱に似ている。その時期の子どもは，一度に二つの相容れないことを望むため，解決不可能な葛藤を抱える。大人になることと依存的な子どもであることを交互に（あるいは，同時に）望むという点で，青年期は再接近期とよく似ている。

発達段階としての結婚

　私たちは，結婚は早期成人期にふさわしい発達段階だと提唱した（Blank & Blank, 1968）[6]。結婚は青年期に続くものであり，次の発達段階（子育ての段階）へと続く。これは，発達は生涯にわたって進展するというテーマと一致している。それは，最初にエリクソン（1959）が指摘し，その後に他の研究者たちに確証された。発達は，人生最初の3年間にもっとも急激に進展し，その後のさまざまな段階では速度を落としてゆっくりと続いていく。

かつての結婚は，人間（特に，女性）が家から離れる最初の機会だった。今日，それはもう当てはまらないが，それでも結婚は実家からの永久的な分離となる。ブロスは，分離個体化過程の第二ラウンドが青年期に起ると考えた。これに付け加えて，結婚とともにもう一つのラウンドが始まるということができる。ここに結婚がただ単に法的または宗教的制度にとどまらない理由がある。しかし，結婚が発達上の目的を本当に遂行できるか否かは，1回目と2回目の分離個体化（1回目は最初の数年間，2回目は青年期）が，適切なものだったか否かにかかっている。

　結婚生活におけるセックスのあり方は，結婚前とは異なる。今日，婚前交渉はいたるところで見られる。しかし，結婚すればセックスのパートナーは一人だけと考えられるため，結婚生活のセックスは結婚前とは異なったものになる。そこには，性行為以上のものが含まれる。エディプス葛藤になおどの程度支配されているかなど，多くのことがその影響を受ける。この段階の必要条件を満たすために，結婚生活におけるセックスが，エディプス対象を放棄するのである。

　おそらく結婚ほど，対象関係の水準が重要な関係はないだろう。マーラーは，分離個体化過程の最後の下位段階を「対象恒常性への過程」(on-the-way-to-object-constancy)と名づけた。マーラーがこの言葉で伝えようとしたことは，対象恒常性は心理的誕生の時点では獲得されつつありながら，充分には獲得されていないこと，そして，その獲得過程は生涯を通して続くということである。これは，その後の発達段階にとって重要な意味を持っている。特に対象恒常性が重要な役割を演じる結婚においては，おそらく決定的に重要となる。対象恒常性とは，貞節を意味するものではない。それは，誠実であるか否かの選択に影響を与えるものである。

　ここで「対象恒常性とは，欲求の状態がどうであれ，対象の恒常的な心的表象を維持することで成り立つ（ハルトマン）」という言葉が想起される。それは，人は欲求を懐いたときだけではなく，欲求不満になったり怒ったりしているときでさえも，対象表象を失わずにいることができるという意味な

のである。

発達段階としての子育て

　この段階は，ベネデク（1959）によって扱われてきた[7]。彼女によれば，親の子ども時代の葛藤は，子育ての体験の中でくり返し現われては咀嚼され，親としての成熟の新しい段階へと至る。子どもの対象表象は，親の心的構造の一部として確立される。

　発達理論は，人生を通してどのように発達が進むかを記述している。中年期・初老期・老年期・死については，今後，更に研究が必要である。特に人々が長く生きるようになった現在では，高齢者がどのように人生を生きるべきかについて関心を向けなければならない。早期の発達段階の影響は，老い・病い・死へのアプローチの仕方をも決める要因となるだろう。

〈原　注〉

1. 『アイデンティティとライフサイクル』（Erikson, E.H., 1959）は，発達が生涯にわたって続くことを認めたもっとも初期の文献の一つである。自我心理学的研究の視点からライフサイクルを跡づけて記述すると，エリクソンと一致することもあれば，一致しないこともある。自我心理学者の中には，エリクソンの研究を社会学的である，と評価する者もいる。エリクソンと比較すれば，自我心理学者は，内的過程により強い関心がある。
2. 私は，フロイトが論じたとおり，陽性と陰性の二つの形でエディプス・コンプレックスを再検討した（Blanck, G., 1984）。その性的側面と敵対的側面は，異なった時期に，父親と母親の両方に向けて作動する。そして，対象関係の側面も検討した。その結果，私たちは三角形の代わりに，直線を用いることを提唱した。つまり，両親の表象が両端にそれぞれ固定されている直線の上を，エディプス期の子どもは行ったり来たりする，と考えた。父親表象あるいは母親表象からの距離は，その時点での子どもの対象との関係の性質を表現している。
3. 「自伝的に記載されたパラノイア（妄想性痴呆）の一症例に関する精神分析的考察」（Freud, S., 1911）は，妄想型の統合失調症者によって，精神病院に入院中に執筆された回想録を素材にした研究である。この研究を通して，フロイトは，パラノイア

におけるの投影の働きと同性愛的要素について知ることとなった。
4. エッジコムとバーグナー（1975）は，身体への前エディプス的備給とエディプス的備給の差異について論じている。そして，女子に男根期が存在しうるか疑念を表明している。
5. 『青年期の精神医学』(Blos, P., 1962) によれば，分離個体化過程は青年期に第二ラウンドを経て進んでいくが，まだ大人ではない子どもは，相変わらず依存したままの状態で自立しようとして悪戦苦闘する。
6. ブランクとブランク（1968）は，結婚を一つの発達段階と見なした。この段階で早期成人期の男性女性は，より進んだ分離を獲得し近親姦願望を破棄して，非近親姦的パートナーを求めるようになり，エディプス願望の衰退にもう一歩を進める。
7. ベネデクは，発達理論のパイオニアである。その当時の発達理論は，精神分析的思考の一部にかろうじてなりつつあった。彼女は，発達が人生の早い段階で終わるわけではなく，大人になってからも継続すると考えていた。そして，子育ての時期を選んで，発達的視点から検討した（Benedek, T., 1959）。折しも理論形成が欲動理論から移行し始め，自我心理学によって欲動理論が拡張されることとなったが，ちょうどその頃に，彼女の理論的立場は形成された。彼女は欲動理論に馴染んでいたため，欲動理論の術語を用いている。その結果，彼女は含蓄ある発達的要因について提案したものの，厄介なことに欲動理論の術語で表現しなければならなかった。しかし，彼女の研究は，特に，両親がいかにして子どもとの相互作用の中に発達的契機を見出すか，について明らかにした点で，発達理論に重大な貢献をなした。

第15章

この先に何があるのだろうか？

　哲学者と科学者は，数世紀にわたって心と身体の問題（the mind-body problem）を検討し続けてきた。今日まで，精神分析による研究の努力もなされている。フロイトは，心が身体を麻痺させることをシャルコーから学んだ。しかし，その解決法つまり，催眠はうまく機能せず，どのように心と身体が相互作用するかに光を当てられなかった。

　1950年代は，精神分析が心身症に熱中し過ぎた時代であった。心と身体がかかわりあい，相互作用していることに疑いを懐く者はなかった。当時の理論家は，ほとんど総ての疾患を心理的原因に帰属させた。各種のパーソナリティが，病気のタイプによって素描された。潰瘍的パーソナリティ，高血圧的パーソナリティ，大腸炎的パーソナリティ等々。ありふれた風邪でさえも，情緒的要因から起きると，まだ信じられている。概して，心身症的思考は，話がうま過ぎた。疾病についての病原菌説は，放棄されたに等しい。情緒が各種の疾患に関与しているのは疑いないものの，心が身体にどのようにして影響を及ぼすか，という点は，それほど単純ではない。

　私は，心身症を否定しようとしているわけではない。病原菌が至るところに存在するにもかかわらず，病気に罹る人と罹らない人がいるという問題が残されている。心理的ストレスが免疫システムを弱めると，身体的疾患に罹りやすくなると推測される。しかし，これも確かな答えではない。心理的ス

トレスの下でも身体疾患に罹らない人は多い。たとえば，戦時下の塹壕内にひそむ兵士は，深刻なストレス下にあるにもかかわらず，病気になど罹っている余裕もないことはよく知られている。

心と身体の分化

人生の最初においては心と身体は，統一体をなしていたと思われる。その後，心と身体は次第に分化していくものの，決して完全に分かれることはない。心と身体の分化の進展は，直線的に進むものではなさそうである。比較的に分化の進む時期の後には，二つの要素が再結合する時期が続き，その後また分化の時期がくる。このパターンは，ハルトマンが記述した心理的発達の分化と統合に似ている。しかし，これらの二つの道筋が並行して進むと主張しているわけではない。そうなのかもしれないが，それを確かめる方法がない。

心と身体はけして完全には分化しない。そこに心―身体の問題を解く鍵があるだろう。今後，この問題は，両者がどのように相互に作用するかという方向で探究されるだろう。スピッツは，第二次世界大戦後の頃の単純な考え方とは違う方向に，心身症理論を導いた。彼は，誕生直後の時期を研究した。この頃の新生児は未分化であり，全体的に反応をする。これは，乳児の行動のほとんどすべての側面について観察できる。快と不快は，観察可能な生理的反応を生み出す。笑っている子どもは全身で笑い，まるでベビーベッドから浮き上がりそうになり，笑いは足先まで広がっていく。

スピッツは，胎生学を広く参照して類似点を見つけ，これをアナロジーとして，機能の分化と特異化がどのように起こるのかを示した。胚の成熟には特異化が始まる転回点がある。それ以前の胚は，どの部分も同じであるが，転回点の後は，眼になる部分はもはや耳になることはできない。心理的分化は，たとえば，快の表現の分化と特殊化で例示できる。成長した子どもは，もはや足で笑わなくなる。微笑は，顔面の筋肉に限定される。そして，足は歩くために用いられる。

心と身体の問題を解くために期待される道の一つは，情動の役割についての探究であろう。人生早期においては情動的体験が優勢であり，実際に，他のすべての知覚モードは排除されている。情緒は生涯を通じて行動を支配し，身体に広範な影響を及ぼす（筋肉組織，神経組織，心臓血管系，免疫系などのすべてに影響を与える）。

スピッツ（1972）は，心身症の原因が原初的情緒（primal emotions）のランダムな放出にあると考えた。彼は，二次過程では表現し難いことを何とか言葉にしようとすると，まごついて吃ってしまうことに気づいた。そして，「私は，情動と知覚の結びつきは，持続時間と期待と意味で成立した橋のようなものだと考えていますが，もし複雑なメタファーに自分自身が躓いているとしたら，どうぞお許しください。その橋は，身体の前の深い溝を超えて，今はまだ存在していない心的システムという向う岸へと伸びているのです」と述べた（p734）。

心と身体の問題を理解するためには，感知する際の全身感覚的な様式（coenethetic mode of sensing）に目を向けることが重要である。これは人生最初の心と身体が一つであったときに存在する感知の様式である。たとえ西洋文明がそれを軽く扱おうとも，私たちはそれを放棄できない。東洋の宗教と習慣は，本質的に体感的様式への回帰を奨励して，個人を心と身体の統一体（unity）へ近づけると信じる者もいる。東洋には心臓疾患が少ないという論文もある。多くの調査は，その原因を食習慣に求めている。それは，日本人が私たちよりも魚を多く食べるからだろうか？　このような調査は，何かを見落としていないだろうか？

前述のとおり，エムディは，スピッツによる精神生活における情緒の役割について探究を継続した。彼のすぐれた観察によれば，発達の混乱の只中で結合力と安定性をもたらすのは情動である。

今私たちは，別ルートからも解決を目指している。つまり，精神分析家と神経科学者との共同作業である。両者は，これまでは別々の研究分野に分かれていたが，互いに近接する境界域の研究に従事しているものである。

精神薬理学

　前項で述べた広範な共同作業の前に，精神薬理学の役割にも触れておかなければならない。それは現在，心理的問題に対する主な治療方法となっており，特に，精神科医はよく用いるが，両極端に分かれる傾向がある。たとえば，抑鬱の治療には，抗鬱薬と心理療法が考えられるが，ある有名な医療機関の精神科主任は，心理療法を教えていたならば研修医の害になっていただろう，と言い放ち，心理療法はもはや必要がないと主張したが，神経科学者は，彼の誤りをすでに証明している。彼らが明らかにしたように，心理療法は脳に影響を与える。鬱病のように，心理療法と薬物治療を組み合わせる形がもっとも効果をあげる場合もある。

どのような場合に薬物治療が必要だろうか？

　精神病と大部分の鬱病には，薬物治療が重要である。保険会社などの第三者支払い機関の宣伝によって，薬物治療だけで十分である，という意見が主流を占めている。しかし，薬物治療は心理療法の代わりにならない。それは，補助的なものである。薬物は，抑鬱患者や引きこもった患者を助けて，心理療法に必要な仕事に取り組みやすくする。前述のとおり，心理療法の成功は，治療者から引き出す力にかかっている。たとえば，この力が鬱病のために弱まっている場合には，それは薬物治療によって回復できる。

　治療者が薬物を処方する資格を持っている場合には，治療者は治療の全体を掌握できる。だが処方の資格がない治療者でも，すべてを精神薬理学者にゆだねてしまってはならない。患者が構造的に変化し，以前に処方されていた薬物がもう必要ないと判断できる者は，心理療法家だけである。処方の決定は，その事例を担当する心理療法家と，精神薬理学者との共同作業の中でなされるべきである。

精神薬理学の欠点

　精神病への投薬は，他の障害と比較してより正確になされているようにみ

える。統合失調症には多数の薬物があり，躁鬱病についても同じである。その他の障害，特に，抑鬱症の場合，使われる薬物が必ずしも的確ではない。抑鬱症は単一の疾病でなく，さまざまな基礎構造をもった症状である点を強調したい。あるタイプの抑鬱症に効果のある薬物も，別のタイプには効かないことが多い。

　抑鬱と罪責感は，特に，神経症の場合，密接な関連性を持っていることが多い。罪責感に効く薬物はない。投薬がすべての抑鬱症に効くわけではない理由は，ここにあるのではないだろうか？

　与えられた薬物に個々の身体がどのように反応するかは，まだ十分わかっていない。このことも問題を難しくしている。分かっていることは，あらゆる薬物には副作用があり，その中には耐えられる程度のものもあれば，やっかいなものもあるということである。

境界状態の薬物治療

　境界状態の診断は難しく，投薬はさらに難しい。抗精神病薬を与えるべきだろうか？ 抗鬱薬がよいのか？ それとも両方だろうか？ 決断は，ケース・バイ・ケースでなされなければならない。そして，おそらく他の精神病理よりも，適切な治療が行われる過程で診断が変化する可能性が高い。低水準の境界例患者は抗精神病薬を必要とするだろうが，中水準の境界例患者が薬物を必要とするのは心理療法が軌道に乗るまででしかないだろう。

不安について

　現在，多数の抗不安薬がある。責任ある処方をするには，ここでも構造に基づいた鑑別診断が必要である。抗不安薬は，抗鬱薬と同じように，患者の機能を向上させて，心理療法への取り組みを助けてくれる。心理療法の効果が出てくるまでの間，重い不安を緩和してくれる。

　マイルドで一過性の不安は，神経症的葛藤の結果として生じてくることを心に留めておく必要がある。葛藤を覆い隠すよりも，葛藤と取り組む方がつ

ねに望ましい。患者が苦痛に耐えられるのならば，永続性のある治癒のためには，症状を覆い隠す処方をしてはならない——これは，医学臨床における古くからの知恵である。

強迫性障害

　強迫症患者の中には，薬物を必要とする者もいる。前述のとおり，これは単一の障害ではない。薬物治療が推奨されるのは，脳内に化学的不均衡があると推察される患者に対してである。ここではわれわれは，不安定な基盤に立っている。

どのような立場をとるべきか？

　現在入手可能な薬物は，多くの人々を助けているが，誰にでも有効なわけではない。薬物で助けられる抑鬱症への熱狂の背後には，今日しられているどの薬にも反応しない深刻な抑鬱症が隠れている。薬物は，正確にはどのような影響を脳に与えるだろうか？　脳内の特定部位への作用がもっとも効果的である，と判明していても，その部位だけを狙い撃てる薬は未だ存在しない。これは，周知の事実である。薬物は鹿猟用の散弾のようなものである。つまり，目標に当たる弾もある，という程度である。より高度の正確さを約束する新しいタイプの薬物が開発されつつある。それらの薬物は，大きな問題の中の化学的部分を作り出している脳の，まさにその一部分だけに影響を与えることになるだろう。

限　　界

　薬物は構造を変えることはできないし，対象関係も形成できない。一般に認められているとおり，ほとんどの精神病には器質的要因がある。この器質的要因のために，新生児や幼い子どもは，構造形成に不可欠な情動的対象関係をもつのを妨げられてしまうと考えられる。成人の患者ばかりでなく，子どもの気分と行動も，薬物によって変えることができる。しかし，薬物は成

長を促進する生活体験の替りにはならないのである。

現在，われわれはどこにいるのだろうか？

　脳化学はより大きな問題の一部に過ぎない，と述べた。その他に以下のような要因がある。

1. 個々人の脳の解剖学：人間の身体には，他者と違う識別可能な部分がさまざまある。脳についても同じであるに違いない。脳は人それぞれで同じではない，とかなりの確信を持っていえる。
2. ニューロンの発射：もし脳の活動が観察できるとしたら，何が見えるだろうか？　化学的要因と電気的要因とはどのように作用し合っているだろうか？
3. ホルモンの影響：これは化学の一部だろうか？　それとも，独立しつつも，関連した要因だろうか？
4. 構築された構造：私は，体験によって脳の物理的構造が変化する可能性について論じた。構造形成は人生体験に依存しているため，これが個人的問題であるのは確かである。

神経心理学

　神経心理学は，毎日のように新しい発見がなされているまさに拡大中の学問である。脳と神経系の他の部分に対して，神経学・化学・心理療法がどのように関与するかを知るためには，結局は，三者が共同作業しなければならないだろう。状況は静的ではない。新しいより効果の期待できる薬物が開発されつつあるし，心理療法の知識と技術も進歩している。人間の脳の研究は，新しい装置の開発によっても促進されている。

答はどこにあるのだろうか？

　前述したとおり，情動は脳の構造的変化に影響を及ぼし得る。これこそが心理療法が有効であり，薬物治療よりも持続する理由である。薬物治療は，

薬物を用いている間しか作用しない。他方，心理療法は恒久的な変化を産み出す。

脳の働きについての解明は，速やかに進んでいる。だが完全な解答にはまだ手が届いていない。構造と内在化と対象関係について考えをめぐらすならば，人間間の相互作用は，今後も主要な要因であり続けると思われる。薬物は，自己と対象関係における情動体験を提供できない。この情動体験こそが，われわれを人間にしてくれるのである。

未　来

精神分析的発達心理学の未来は，精神薬理学と神経科学における今後の発見と深く結びついている。これらが一つになるとき，これまでにない的確な薬物治療が可能になり，変化が望まれる脳の中の特定部位に狙いを定めた薬物が投与できるようになるだろう。その頃には，日常生活と心理療法における情動的経験が，脳にどのような影響を及ぼすかについてもさらに解明されていることだろう。

そのときには，新しい科学は，すべての要因を考慮に入れた統一された科学となるだろう。それは，神経科学と精神薬理学と心理学が融合したものとなるだろう。精神分析的発達理論は，この統合を目指す貢献の中で，すでに重要な役割を果たしている。

文　献

American Psychiatric Association (1994) *Diagnostic and Statistical Manual of Mental Disorders, 4th ed. (DSM-IV)*. Washington, DC: APA.（高橋三郎・大野　裕・染矢俊幸訳（1996）DSM-Ⅳ　精神疾患の診断・統計マニュアル．医学書院）

Benedek, T. (1959) Parenthood as a developmental phase. *Journal of the American Psychoanalytic Association* 7: 389-417.

Blanck, G. (1966) Some technical implications of ego psychology. *International Journal of Psycho-Analysis* 47: 389-417.

── (1984) The complete Oedipus complex. *International Journal of Psycho-Analysis* 65: 331-339.

── (1987) *How to Be a Good Enough Parent: The Subtle Seductions*. Northvale. NJ: Jason Aronson.

Blanck, G., and Blanck, R. (1972) Toward a psychoanalytic developmental psychology. *Journal of the American Psychoanalytic Association* 20: 668-710.

── (1974) *Ego Psychology: Theory and Practice*, 2nd ed. New York: Columbia University Press, 1994.

── (1979) *Ego Psychology II: Psychoanalytic Development Psychology*. New York: Columbia University Press.

── (1980) Separation-individuation: an organizing principle. In *Rapprochement: The Critical Subphase of Separation-Individuation*, ed. R. F. Lax, S. Bach, and J. A. Burland, pp.101-116. New York: Jason Aronson.

── (1988) The contribution of ego psychology in understanding the process of termination in psychoanalysis and psychotherapy. *Journal of the American Psychoanalytic Association* 36: 961-984.

Blanck, R. (1986) The function of the object representations. *Psychotherapie, Psychosomatics and Mediscine Psychologie* 36: 1-7. Stuttgart: Thieme.

Blanck, R., and Blanck, G. (1968) *Marriage and Personal Development*. New York Columbia University Press.

── (1977) The transference object and the real object. *International Journal of Psycho-Analysis* 58: 33-44.

── (1986) *Beyond Ego Psychology: Developmental Object Relations Theory*. New

York: Columbia Univeraity Press.

Blos, P. (1962) *On Adolescence: A Psychoanalytic Interpretation*. New York: Free Press.(野沢栄二訳（1971）青年期の精神医学．誠信書房）

Edgecombe, R., and Burgner, M. (1975) The phallic-narcissistic phase differentiation between preoedipal and oedipal aspects of phallic development. *Psychoanalytic Study of the Child* 30: 161-180. New Haven, CT: Yale University Press.

Emde, R. N. (1988a) Development terminable and interminable, part 1: innate and emotional factors from infancy. *International Journal of Psycho-Analysis* 69: 23-42.

―― (1988b) Development terminable and interminable, part 2: recent psychoanalytic theory and therapeutic considerations. *International Journal of Psycho-Analysis* 69: 283-296.

―― (1999) Moving ahead: integrating influences of affective processes for development and for psychoanalysis. *International Journal of Psycho-Analysis* 79: 80-317.

Erikson, E. H. (1959) *Identity and the Life Cycle. Psychological Issues. Monograph 1*. New York: International Universities Press.（西平　直・中島由恵訳（2011）アイデンティティとライフサイクル．誠信書房）

Federn, P. (1952) *Ego Psychology and the Psychoses*. New York: Basic Books.

Fenichel, O. (1931) *Problems of Psychoanalytic Technique*. New York: Psychoanalytic Quarterly.（安岡　誉訳（1988）精神分析技法の基本問題．金剛出版）

Freud, A. (1936) The ego and the mechanisms of defense. In *The Writings of Anna Freud*, vol. 2. New York: International Universities Press.（黒丸正四郎・中野良平訳（1982）自我と防衛機制．アンナ・フロイト著作集 2．岩崎学術出版社；外林大作訳（1958）自我と防衛．誠信書房）

Freud, S. (1900) The interpretation of dreams. *Standard Edition* 4/5: 1-626.（高橋義孝訳（1968）夢判断．フロイト著作集 2．人文書院）（高橋義孝・菊盛英雄訳（1970）夢判断，上・下．改訂版フロイド選集 11, 12．日本教文社）

―― (1905) Three essays on the theory of sexuality. *Standard Edition* 7: 121-145.（懸田克躬・吉村博次訳（1969）性欲論三篇．フロイト著作集 5．人文書院）（懸田克躬訳（1969）性に関する三つの論文．改訂版フロイド選集 5．日本教文社）

―― (1909a) Analysis of a phobia in five-year-old boy. *Standard Edition* 10: 3-149.（高橋義孝・野田倬訳（1969）ある五歳男児の恐怖症分析．フロイト著作集 5．人文書院）

―― (1909b) Notes upon a case of obsessional neurosis. *Standard Edition* 10: 153-318.（小此木啓吾訳（1983）強迫神経症の一症例に関する考察．フロイト著作集 9．人文書院）（小此木啓吾訳（1969）強迫神経症の一症例に関する考察．改訂版フロイド選集 16．日本教文社）

―― (1911) Psychoanalytic notes on a case of paranoia. *Standard Edition* 12: 3-82.（小此木啓吾訳（1983）自伝的に記述されたパラノイア（妄想性痴呆）の一症例に関する精神分析的考察．フロイト著作集 9．人文書院）（小此木啓吾訳（1969）自伝的に記述されたパラノイア（妄想性痴呆）の一症例に関する精神分析学的考察．改訂版フロイド選集

16. 日本教文社)
―― (1912) The dynamics of the transference. *Standard Edition* 12: 97-108.（小此木啓吾訳 (1983) 転移の力動性について．フロイト著作集 9．人文書院）（小此木啓吾訳 (1969) 感情転移の力動性について．改訂版フロイド選集 15．日本教文社）
―― (1914) On narcissism: an introduction. *Standard Edition* 14: 67-102.（懸田克躬・吉村博次訳 (1969) ナルシシズム入門．フロイト著作集 5．人文書院）（懸田克躬訳 (1969) ナルチシズム入門．改訂版フロイド選集 5．日本教文社）
―― (1917) Mourning and melancholia. *Standard Edition* 14: 237-258.（井村恒郎訳 (1970) 悲哀とメランコリー．フロイト著作集 6．人文書院）（加藤正明訳 (1969) 悲哀とメランコリー．改訂版フロイド選集 10．日本教文社）
―― (1918) From the history of an infantile neurosis. *Standard Edition* 17: 3-123.（小此木啓吾訳 (1983) ある幼児期神経症の病歴より．フロイト著作集 9．人文書院）（小此木啓吾訳 (1969) ある幼児期神経症の病歴より．改訂版フロイド選集 16．日本教文社）
―― (1923) The ego and the id. *Standard Edition* 19: 12-68.（小此木啓吾訳 (1970) 自我とエス．フロイト著作集 6．人文書院）（井村恒郎訳 (1970) 自我とエス．改訂版フロイド選集 4．日本教文社）
―― (1937) Analysis terminable and interminable. *Standard Edition* 23: 209-253.（馬場謙一訳 (1970) 終りある分析と終りなき分析．フロイト著作集 6．人文書院）（小此木啓吾訳 (1969) 終りある分析と終りなき分析．改訂版フロイド選集 15．日本教文社）
Freud, S., and Breuer, J. (1893-1895) Studies in hysteria. *Standard Edition* 2: 196-201.（懸田克躬・吉田正己訳 (1969) ヒステリー研究．改訂版フロイド選集 9．日本教文社）（懸田克躬訳 (1974) ヒステリー研究．フロイト著作集 7．人文書院）
Galenson, E., and Roiphe, H. (1976) Some suggested revisions concerning early female development. *Journal of the American Psychoanalytic Association* 24: 29-57.
Greenacre, P. (1959) Certain technical prohlems in the transference relationship. *Joumal of the American Psychoanalytic Association* 7: 484-502.
―― (1972) Problems of overidealization of the analyst and of analysis: their manifestation in the transference and countertransference relationship. *Psychoanalytic Study of the Child* 20: 209-219. New York: International Universities Press.
Greenson, R. R. (1964) The working alliance and the transference neurosis. *Psychoanalytic Quarterly* 34: 155-181.
―― (1967) *The Technique and Practice of Psychoanalysis*. New York Hallmark.
Hartmann, H. (1958) *Ego Psychology and the Problem of Adaptation*. New York: International Universities Press.（霜田静志・篠崎忠男訳 (1967) 自我の適応―自我心理学と適応の問題．誠信書房）
Hartmann, H., and Kris, E. (1945) The genetic approach in psychoanalysis. *Psychoanalytic Study of the Child* 1: 11-30. New York: International Universities Press.
Hartmann, H., and Loewenstein, R. M. (1946) Comments on the formation of psychic structure. *Psychoanalytic Study of the Child* 2: 11-30. New York: International

Universities Press.
—— (1949) Notes on the theory of aggression. *Psychoanalyric Study of the Child* 3/4: 9-36. New York: International Universities Press.
—— (1962) Notes on the superego. *Psychoanalytic Study of the Child* 17: 42-81. New York: International Universities Press.
Jacobson, E. (1964) *The Self and the Object World*. New York: International Universities Press. (伊藤 洸訳 (1981) 自己と対象世界——アイデンティティの起源とその展開 (現代精神分析双書, 第2期 第6巻). 岩崎学術出版社)
Kandel, E. (1990) Paper presented at the plenary session of the American Psychoanalytic Association.
Kaplan, L. (1987) Discussion of Daniel Stern's *The Interpersonal World of the Infant*. *Contemporary Psychoanalysis* 2 (1) : 27.
Kernberg, O. (1967) Borderline personality organization. *Journal of the American Psychoanalytic Association* 15: 641-685.
—— (1976) *Object Relations Theory and Clinical Psychoanalysis*. New York: Jason Aronson. (前田重治監訳／岡 秀樹・竹野孝一郎訳 (1983) 対象関係論とその臨床 (精神分析双書, 第2期 第10巻). 岩崎学術出版社)
Knight, R. P. (1954)Borderline States. *Psychoanalytic Psychiatry and Psychology*, ed. R. R. Knight and C. Friedman, pp.52-64. New York: International Universities Press.
Kohut, H. (1971) *The Analysis of the Self*. New York: International Universities Press. (水野信義・笠原嘉監訳 (1994) 自己の分析. みすず書房)
—— (1977) *The Restoration of the Self*. New York: International Universities Press. (本城秀次・笠原嘉監訳 (1995) 自己の修復. みすず書房)
Kris, E. (1951) Ego psychology and interpretation in psychoanalytic therapy. *Psychoanalytic Quarterly* 20: 15-30.
—— (1952) *Psychoanalytic Explorations in Art*. New York: Internstional Universities Press. (馬場禮子訳 (1976) 芸術の精神分析的研究 (現代精神分析双書, 第1期 第20巻). 岩崎学術出版社)
—— (1956a) The recovery of childhood memories in psychoanalysis. *Psychoanalytic Study of the Child* 11: 54-88. New York: International Universities Press.
—— (1956b) Some vicissitudes of insight in psychoanalysis. *International Journal of Psycho-Analysis* 37: 445-455.
Loewald, H. W. (1980) *Papers on Psychoanalysis*. New Haven, CT: Yale University Press.
Mahler, M. A. (1971) A study of the separation-individuation process and its possible application to borderline phenomena in the psychoanalytic situation. *Psychoanalytic Study of the Child* 26: 403-424. New York: Quadrangle.
Mahler, M. S., Pine, F., and Bergman, A. (1975) *The Psychological Birth of the Human Infant*. New York: Basic Books. (高橋雅士・織田正美・浜畑 紀訳 (2001) 乳幼児の心

理的誕生（精神医学選書，第3巻）．黎明書房）

Osofsky, J. D., ed. (1979) *Handbook of Infant Development.* New York: Wiley.

Rangell, L. (1986) The executive functions of the ego: an extension of the concept of ego autonomy. *Psychoanalytic Study of the Child* 41: 1-37. New Haven, CT: Yale University Press.

Sandler, J., and Rosenblatt, B. (1952) The concept of a representational world. *Psychoanalytic Study of the Child* 17: 128-145. New York: International Universities Press.

Spitz, R. A. (1945) Hospitalism: an inquiry into the genesis of psychiatric conditions in early childhood. *Psychoanalytic Study of the Child* 1: 52-74. New York: International Universities Press.

—— (1959) *A Genetic Field Theory of Ego Formation.* New York: International Universities Press.

—— (1965) *The First Year of Life.* New York: International Universities Press.

—— (1972) Bridges: on anticipation, duration and meaning. *Journal of the American Psychoanalytic Association* 20: 721-735.

Stern, D. (1985) *The Interpersonal World of the Infant.* New York: Basic Books.（小此木啓吾・丸田俊彦監訳／神庭靖子・神庭重信訳（1989；1991）乳児の対人世界．理論編，臨床編．岩崎学術出版社）

Stone, L. (1954) The widening scope of indications for psychoanalysis. *Journal of the American Psychoanalytic Association* 2: 567-594.

監訳者あとがき

　原著者 Blanck, G. については，篠原氏の「訳者あとがき」に詳しく紹介されているが，私にとっては主著 *Ego Psychology* と共に忘れ難い人である。私との関わりでいえば，40年近く前，東京都精神医学研究所で非常勤研究員をしていた折に，岡部祥平，溝口純二，遠山尚孝らの諸先生と一緒に，毎週上記の *Ego Psychology* の輪読会をした。当時は皆若くて，学問への熱気に溢れていた。Blanck の名と共に甦るのは，研究所の静かな雰囲気と，まだ若い私達が精神分析に寄せた共通の強い想いであり，それが Blanck の名を私達にとって特別に懐かしいものにしているのである。

　本書は一見したところ，各節の記述が短く，断片的で，翻訳には適さないかの印象を与える。しかし，読み出すとそれがまったくの誤りであることが分かる。叙述は簡単だが，内容は豊かで明晰である。過不足なく要点を述べて，そこに内在する問題点の指摘にまで及んでいる。また，各節の題が疑問形式になっている箇所も多く，読者があらかじめ自分で解答を用意したうえで読み進めれば，自分の知識の整理にもなり，自分の力を測るうえでも役立つと思われる。本書は知識を与えるだけでなく，読者を触発してさらに考えさせるための本，といえるだろう。その意味で，本書は *Primer of Psychotherapy* と題されてはいるが，初学の方々だけでなく，中堅以上の方々にも，十分読みごたえのある一書であると思われる。

　本書には，心に残る言葉があちこちに散見される。ランダムに挙げてみると，「精神分析の治療目的は，防衛を理解し対象関係パターンを変えることにある」「私たちは母親との共生をゆりかごから墓場に至るまで熱望するも

のだ」「薬物療法の効果は一時的だが，心理療法の中での情動体験は（構造に変化を与えるから），より持続的である」。挙げ出すときりがないが，読者は賛成反対のいずれにせよ，気になる言葉を書き抜いて，自らの「心理療法箴言集」のようなものを作ってみるのも一興だろう。そして折に触れて考えるよすがとすれば，大いに役立つはずである。

　本書の訳語について。当然のことながら訳語に難渋することが多く，そのつど訳者間で話し合ってきたが，ここでは三点についてだけ触れておきたい。

　第 11 章の題「Less Is More」の訳。直訳すれば「少なければ少ないほど，より良い」となろうが，あまり明快でない。ここでは逆説的に述べられていて，著者の意向は「心理療法の回数は，少なければ良い，というものではない」と理解すべきだろう。第 4 章の「Therapeutic Differential」の訳。これは Loewald の言葉だというが，治療的分化とするか，治療的差異とするか，意見が分かれた。ここでは「過去の対象との関係と，分析家との関係の差異を体験することが，治療的変化をひき起こす」意味と理解して，後者に統一した。reciprocal の訳。私は相補的という訳語になじんできたが，現在は互恵的と訳されることが多いようである。

　最後に，本書の翻訳に協力してくれた皆さんに，心から御礼申し上げます。皆さんとの勉学の日々は，終生忘れ得ないものです。

平成 25 年 10 月

馬場　謙一

訳者あとがき

　本書は，Blanck, Gertrude（2001）: *Primer of Psychotherapy : A Developmental Perspective.* New Jersey : Jason Aronson の全訳である。原題を直訳すれば，『心理療法の手引き：発達的視点から』ということになるだろう。著者ブランクのいう「発達学派」とは，自我心理学派のことである。「自我心理学」という術語は，今日でもなお意識の心理学という誤解を与えがちである。そのため，「精神分析的発達心理学」と呼んだ方が適切であると，彼女は考えている。
　著者は，コロンビア大学で修士号，ニューヨーク大学で PhD を取得した後，ニューヨークで個人開業し，以来約 40 年にわたって精神分析の実践を重ねた人である。臨床の傍ら，心理療法研究所を設立し，数百人の心理療法家を育成してきた。また，米国・ヨーロッパ・中国・フィリピンなどの主要都市でスーパーヴィジョンやセミナーを開催している。著作面では，『自我心理学：理論と臨床』(1973)，『自我心理学Ⅱ：精神分析的発達心理学』(1979)，『自我心理学を超えて：発達的対象関係論』(1986) の三部作で知られている（いずれもコロンビア大学出版局から刊行されている）。これらの功績により，マーガレット・マーラー記念賞の栄誉に輝いている。また，スミス大学でラパポート記念客員教授を務めたり，ノースカロライナ精神分析協会から名誉会員の称号を授けられたりしている。現在，臨床からは引退して米国南部に移住し，教育・研究を続けている。
　本書は，四六版で 200 頁足らずのたいへん小ぶりな本である。したがって，入門書のジャンルに入るだろう。ところが，入門書の域を超えた対象関係論が展開されている。「対象関係論」といっても，メラニー・クラインにもウィ

ニコットにもほとんど言及されていない。本書の内実は，マーラーの分離個体化理論を中心に据えた米国版の対象関係論なのである（彼女がマーラー記念賞ホルダーである点に留意されたい）。

彼女は，パーソナリティ構造を二つの側面に分けて整理している。一つはいわゆる三層構造である。したがって，パーソナリティの構造化とは，自我・イド・超自我の分化である。他方，表象世界が分化することも構造化として位置づけている。特に，自己表象と対象表象の分化を重視している。そして，本書において「構造化」という術語は，もっぱら自己表象と対象表象の分化のことを指しているのである。たとえば，彼女は，外来での心理療法のユーザーを，「構造化された患者」と「十分に構造化されていない患者」の二つに分けている（前者は神経症水準のクライエントと同義語であり，後者は境界例水準のクライエントと同義語である）。治療方針も大きく二つに分けており，後者の治療目標は，自己表象と対象表象の分化である。このようなところに，彼女が対象関係を重視しており，彼女の理論の本質が対象関係論であることが示されている（三部作の第3作の副題が「発達的対象関係論」と銘打たれている点にも留意されたい）。

以上のとおり，ブランクは対象関係を重視しており，「一者心理学」に分類されることを厭がっている。ただし，関係性理論とは一線を画そうとしている。彼女にとっての「関係」とは，表象世界における自己表象と対象表象との相互作用であって，外的な関係性ではない。そのため，中立性から一歩踏み出すこと（たとえば，「エナクトメント」や「自己開示」）の意義を認めようとしない。そのような点で，彼女の臨床は保守本流である。ただ，関係精神分析を中心とした今日の関係性理論の台頭には脅威を感じている様子が伺える。ちなみに，"表象世界＝内的世界"と短絡的にとらえていると混乱が生じかねないので，注意する必要がある。表象世界には，内的世界の表象もあれば，外的世界の表象もある。その表象世界において，自己の表象と対象の表象が相互作用しているのである。

1923年，フロイトは，自我に無意識的部分があることを認めた。したがっ

て，無意識は，イドの専売特許ではない。また，自我心理学は，自我のオーガナイズ機能（そして，エグゼクティブ機能）を強調している。その結果，超自我のお目付け役的機能の重要度が相対的に低下している。上述の表象世界も自我機能の一つであり，自我の内部に位置づけられている。このような彼女の語り口を聴いていると，"自我さえあれば，たいがいのことは事足りる"という印象を受ける。彼女の理論は，まさに「自我」の心理学なのである。

　本書は，ブランクの仕事の本邦初の紹介である。そのため，筆者らは，馬場謙一先生の教示によって初めて著者の活動について知った。当初の企画は，上述の三部作の第1作である『自我心理学：理論と臨床』の翻訳であった（なにぶん大部の著書のため，現在も完成に至っていない）。並行して，小ぶりな本書の翻訳にも取り組むことになった。翻訳作業は，筆者を含めた8名で分担した（この8名は，いずれも，かつて馬場先生のゼミ生として研究指導・臨床指導を受けた者，あるいはスーパーヴァイジーだった者である）。当初の訳稿は6年ほど前には集まっていたが，日本語としては不十分な状態であった。そのため，その後は，筆者の担当している大学院の授業で本書を何度か取り上げ，訳稿の検討を重ねてきた。以上のような経過を踏まえたため，日本語が濾過され多少とも喉を通りやすくなったとすれば，本書刊行までに経た年月も無駄ではなかったと感じている。さまざまな質問を投げかけ，議論してくれた大学院生の面々に感謝したい。とはいえ，翻訳原稿の最終版は，監訳者として馬場先生から濃厚に手を入れて頂けた。このために，先生は山に籠り，樹々の声を聴きつつ，毎朝4時に起床して机に向かわれた。師匠とは，ありがたいものである。

　原書の巻末の文献表には，一つずつ解説文がついている。つまり，ブックガイドのような形式をとっている。この解説文は，原注という形で本文中の適当な箇所に織り込む形へ変更した。この解説文は，当初は翻訳されない計画だった。しかし，大学院の授業で取り上げる際に必要と感じたので，新たに翻訳して追加した。上述のとおり，本書は入門書という体裁をとっているが，著者はある程度の精神分析の基礎知識を前提にして話を進めていく。特

に，第2章と3章あたり（フロイトやハルトマンなどの古典的理論を概説しているくだり）は，たいへん駆け足で，舌足らずである。著者は「当然，知っているよね〜」という感じで書き進めているが，院生たちはついていけなくなりがちであった。学部段階で（あるいは，大学院入試のための受験参考書で即席に）身につけた精神分析の基礎知識ではなかなか歯が立たないようである。筆者自身も，本書に取り組む中で，ハルトマンらやジェイコブソンと"改めて出会った"という体験をした。教えることは，学ぶことの最大の動機づけとなるようだ。

また，本書は，三部作のダイジェスト版という色彩がある。そのため，『自我心理学：理論と臨床』では一章分かけて解説しているような内容を圧縮している。その結果，ざっくり書かれ過ぎて，分かり難いきらいがある。上述の解説文は，合計1万1千字ほどの量もある（5〜6千字しかない章もあるのだから，相対的にも量の多い解説文だろう）。この量の多さは，圧縮して分かり難くなった分を補っているようにみえた。注を置いた箇所は，筆者が独自に判断した。元々はブックガイド的な解説文なので，原則としては，その文献がでてきた箇所に注を置いた。たとえば，狼男についての解説は，狼男の文献がでてくる箇所に配置した。上述のような事情のため，第2章と3章あたりに注が集中し，後半にはほぼなくなる。

本書は，自我心理学の理論と臨床を駆け足で概観するために適している。著者は第6章までで理論的な解説を一通りは終える。その後，第8章と9章で，事例を挙げて論じ直してくれる。さらに，第13章と14章では，もう一度，生涯発達を辿り直す形で論じ直している。本書を大きく分けるならば，このような三段階で構成されており，スパイラルに議論が進展している。つまり，繰り返しの中で理解が深まっていく仕掛けになっている。そのため，立ち止まらずに，スピード感を維持しつつ読み進むことが大切だろう。

末筆ながら，本書の刊行のため多大な労を惜しまれなかった金剛出版編集

部の梅田光恵さんに厚く御御礼申し上げたい。

2013 年 8 月
訳者を代表して　篠原道夫

索 引

【人　名】

アドラー, A. 5
エッジコム, R. 168
エムディ, R. N. 7, 52, 60, 143, 171
エリクソン, E. H. 157, 165, 167
カーンバーグ, O. 61, 95, 128-129, 140
カプラン, L. 68, 70
ガレンソン, E. 39
カンデル, E. 53-54, 60
クライン, M. 41
グリーネーカー, P. 118
クリス, E. 18, 23, 26, 38, 43, 48
サリバン, H. S. 41
サンドラー, J. 51, 60
ジェイコブソン, E. 8, 23, 25, 36, 42-44, 49, 51, 53, 56, 60, 72, 92, 161
シャルコー, J. -M. 29, 38, 169
スターン, D. 68-70
ストーン, L. 61, 95
スピッツ, R. A. 7-9, 23, 25, 38, 42, 44-46, 49, 52-53, 60, 66, 108, 128, 141, 145-146, 170-171
ナイト, R. 92, 95
バーグナー, M. 168
ハルトマン, H. 7-8, 22-23, 33, 38-39, 41-44, 47-49, 51-54, 60, 107, 142, 166, 170
フェダーン, P. 41, 48
フェニヘル, O. 71
ブランク, G. 9, 48, 50, 61, 96, 157, 168
ブランク, R. 9, 48, 50, 58, 61, 96, 157, 168
フロイト, A. 33, 38, 41, 49, 131
フロイト, S. 5, 7-8, 17, 21-26, 29-40, 48-49, 51, 53-54, 58, 60-61, 63, 69, 71, 78, 83, 95, 125, 135, 157-160, 167, 169
ブロス, P. 157, 165-166
ベネデク, T. 48, 157, 167-168
ホーナイ, K. 5
マーラー, M. S. 8-9, 23, 39, 42, 44, 46-47, 49-50, 67, 69-70, 75, 82, 84, 95, 110, 123, 127, 140, 145-146, 162, 166
ユング, C. G. 5
レーヴェンシュタイン, R. M. 23, 39, 43, 48-49
レーワルド, H. W. 23, 27, 57-58, 161
ロイフ, H. 39
ローゼンブラット, B. 51, 60

【事　項】

あ

アメリカ精神分析学会 5, 60
言い回し 20
怒り 76-77, 103, 122-123, 129, 131-132, 134, 137-139, 147, 149
意識 19-20, 22, 24, 31, 34, 88, 95, 100, 119
一次過程 18, 26, 33-34, 39, 142
一次予防 141, 145, 147, 150, 153

エディプス葛藤 23, 27, 49, 83-84, 103-104, 125, 129-130, 166
狼男 37, 40
置き換え 30, 39, 57, 71-72, 161
送りつけられた患者 89

か

解釈 6, 20, 31-32, 38, 43, 49, 59, 73-77, 135-137
外的制約 92
葛藤 23, 25-27, 32-33, 38, 41, 48-49, 56-57, 59, 61, 64, 68, 78-79, 82-85, 95, 101, 103-104, 117-119, 125, 129-131, 133, 148, 158-159, 162-163, 165-167, 173
葛藤理論 32, 57, 64
記憶 30-31, 33-34, 38, 40, 60, 65-66, 102, 140
絆 144
機能の移転 58, 145
逆転移 6, 19, 76-78, 118
境界例 33-34, 40, 50, 59, 61, 71, 75, 79, 81, 95, 125, 127-134, 137, 139-140, 173
強迫症 40, 80, 174
結婚 67, 84, 101, 104, 157-159, 165-166, 168
現実検討力 47, 57, 71-72, 74-75, 132, 134, 148
攻撃欲動 36, 104, 139
構造論 8, 22, 26, 32, 37, 41, 48, 50, 71, 95
候補者 88-91, 95
国際精神分析学会 5
心と身体 169-171
子育て 150-153, 157, 159, 164-165, 167-168
子育て教育 150-151
ゴッホ 18
古典派 5, 7
コミュニケーション 20, 46, 49, 64, 108, 128, 135, 143

さ

再接近期 47, 84, 110, 148, 165
催眠 30, 38, 169
ジェンダー・アイデンティティ 100-101, 114, 163
自我 7-9, 18-19, 22-24, 26-27, 31-34, 36, 38, 41-42, 45, 48-51, 53-54, 56-57, 60-61, 64-67, 69, 71, 73, 75, 78, 82-83, 86, 93-95, 101, 103-104, 111, 118, 122, 131-132, 135, 147, 159-160, 167-168
自我心理学 7-8, 22-24, 26-27, 31, 36, 38, 41, 48-50, 56, 61, 69, 78, 167-168
自我親和的 93, 147
自己 6, 20-21, 24-25, 34, 36-37, 39-40, 43-44, 46, 49-52, 55-61, 64-72, 74, 79, 82-83, 85, 91, 93, 99-100, 104, 108-110, 112, 115-116, 118, 127-131, 135, 137-138, 140-141, 143-145, 147, 157, 159, 164-165, 176
思春期 115, 160, 163-164
児童観察派 7, 44, 54, 153
受動性 121, 123
受動的－攻撃的な策略 123
主流派 5-8, 24, 38, 57, 63
シュレーバー 37
症状 30, 32, 37, 79-80, 82, 86, 119-120, 124, 173-174
情動 6, 7, 25, 30, 33, 42-44, 51-52, 54-55, 60, 65, 72, 76-77, 82, 85, 89, 95, 102-103, 107-109, 113, 118, 122-123, 136, 140, 142-144, 148, 152, 171, 174-176
神経心理学 175
心身症に熱中し過ぎた時代 169
診断 8, 29, 37, 40, 59, 61, 79-82, 85-86, 94-95, 97, 103-105, 114, 119-122, 124-125, 128-130, 134, 140, 173
心理療法 18, 20, 55, 79, 87-88, 114, 117-118, 124, 132-133, 138, 153, 172-173, 175-

176
スーパーヴィジョン 92-93, 117, 153
性愛 38, 115, 130, 168
精神分析 5, 7-9, 17-18, 20-24, 26-27, 29-32, 35, 38-39, 42-43, 48-49, 51, 53, 55-57, 59-61, 63-64, 66, 68, 78-79, 87, 95-96, 105, 117-118, 120-121, 124-125, 132-133, 139, 153-154, 158, 161, 167-169, 171, 176
精神分析的発達心理学 5, 7-9, 23-24, 29, 61, 154, 176
精神薬理学 55, 172, 176
正統派 5, 7
青年期 37, 84, 116, 157, 159, 164-166, 168
セッション頻度 125
前意識 20, 30-31
前エディプス葛藤 104, 130
前エディプス的母親 102, 104, 117, 162
潜在的内容 119
潜伏期 84, 162-164
早期の人生 23, 25
相互的合図 142

た

体験 25, 39, 42-43, 45, 48-49, 51-52, 54-56, 58, 60, 65-66, 68-69, 72, 74, 82, 84, 94, 103, 109-111, 113-116, 118, 123, 127-128, 131, 134-137, 140, 142, 144-145, 149-150, 152, 164-165, 167, 171, 175-176
退行 18-19, 26, 33, 41, 73, 78, 80-82, 85, 102-104, 125, 131, 133, 139, 148, 162
第三者の料金支払機関 87, 92
対象関係性 65
対象関係論 8, 21, 49-50, 57, 63, 140, 144
対象恒常性 47, 162, 166
タイミング 19, 20, 73, 77, 104, 155
父親の役割 114, 151

超自我 22, 26, 32, 43, 49, 51, 53-54, 56, 59, 159-160
治療者 5, 8, 18-20, 22, 24, 26, 32, 44, 56, 66, 68-69, 71, 73-77, 79-80, 82, 84-85, 87-95, 105, 109, 111, 119, 120-125, 128, 130-132, 134-138, 151-152, 172
治療的差異 57
治療同盟 94, 96, 122
治療の開始 80, 87, 90
DSM 79, 81-82, 86, 103
抵抗 38, 48, 78, 87, 94-95
適応 26, 33-34, 39, 42-43, 47-48, 52, 56, 66, 82-83, 99-100, 107, 109, 137, 142
転移 8, 25-26, 38, 44, 56, 66, 69, 71-74, 76-78, 84-85, 93, 96, 104, 108-109, 117-118, 125, 135-137
同一化 6, 33, 43, 52, 58-59, 64, 92, 98, 100, 114-115, 124, 145, 152, 161, 163
投影 33, 71-72, 93, 163, 168
統合 9, 18, 23, 36, 38, 42, 48, 55, 167, 170, 173, 176
同性愛 163, 168
ドラ 37, 44, 60, 158

な

内在化 43, 49, 52, 57-61, 65, 82, 91-92, 98, 114-115, 129, 132, 138, 140, 176
二次過程 34
二大欲動論 35
ねずみ男 37, 40
脳 51, 55, 60, 80, 172, 174-176

は

発達診断 79, 81-82, 103
発達段階 73, 83, 98-99, 101, 113, 116-117, 145, 157, 161, 163, 165-168
発達的基準 83, 85
ハンス 37, 40

人見知り不安 45, 49, 99, 148
表象 25-26, 34, 37, 39, 43-44, 49, 51-53, 55-61, 64-65, 68-69, 72, 74-75, 82-83, 85, 91, 96, 104, 108, 113, 115, 127, 129-130, 133-138, 140, 144-145, 149, 152, 159, 161, 166-167
不安 6, 20, 32-33, 37, 39, 47, 66, 68, 74, 80, 83, 88, 92, 94-95, 99-102, 104, 110, 114, 117, 120, 122-125, 130-131, 134, 136, 147-149, 159-160, 173-174
分化 26, 32, 36, 42, 47-48, 51-55, 67, 146, 170
分離個体化 8, 46-47, 50, 58-59, 61, 67, 75, 82-83, 95, 103, 110, 118, 127, 129, 137, 140, 145, 157, 159, 162, 165-166, 168
保育施設 148-149, 153
防衛 31, 33-34, 38-39, 41, 49, 56, 68, 72, 77-80, 94-95, 101-104, 117, 122, 125, 129, 130-132, 135, 137-140, 159-160

ま

無意識 19, 22, 24, 26, 30-31, 34, 39, 41, 48, 51, 66, 100, 102, 117, 153, 158
目の前の問題 120

や

薬物治療 172-176
役割モデル 91, 114-115
夢理論 33, 39
よい適合 142
よい風土 93-94
幼児性欲 35
抑鬱的母親 142-143, 153

ら

ライフサイクル 157, 167
リビドー論 35-36

練習期 47, 100, 103-104, 147-148

■監訳者略歴

馬場謙一（ばば・けんいち）
1934年，新潟県に生まれる。東京大学文学部，慶應義塾大学医学部卒業。斎藤病院勤務，ゲッテンゲン大学研究員，群馬大学，横浜国立大学，放送大学，中部大学の教授を経て，現在，南八街病院，上諏訪病院勤務。
著書：『精神科臨床と精神療法』（弘文堂），『精神科の窓から』（日本教文社）
編著書：『臨床心理学』（弘文堂），『青年期の精神療法』（金剛出版），『心の病』（開隆堂出版），『神経症の発症機制と診断』（金原出版）
共編著書：『日本人の深層分析』（有斐閣），『神経症の周辺』（医学書院）
訳書：ドイッチュクローン『黄色い星を背負って』（岩波書店），ベネデッティ『精神分裂病論』（みすず書房），フロイト『精神分析入門』（共訳，日本教文社）など。

■訳者代表略歴

篠原道夫（しのはら・みちお）
東洋英和女学院大学人間科学部教授。一橋大学社会学部卒。横浜国立大学大学院教育学研究科（修士課程）修了。群馬大学教育学部助教授，東洋英和女学院大学助教授などを経て2009年より現職。日本心理学諸学会連合理事。日本箱庭療法学会代議員（資格委員）。臨床心理士。第8回河合隼雄賞（日本箱庭療法学会奨励賞）を受賞。
著訳書に，『ボーダーラインの人々』（共著，ゆまに書房），ウォレス『力動精神医学の理論と実際』（分担訳，医学書院）などがある。

岡元彩子（おかもと・あやこ）
津田塾大学英文科卒，横浜国立大学大学院教育学研究科教育心理学専攻修了。東京の精神科クリニックにて心理療法に従事。横浜国立大学，共立女子大学，放送大学にて非常勤講師を勤めるとともに，学生相談室カウンセラーとして学生相談にも従事。現在，家庭裁判所家事調停委員。臨床心理士。
著訳書に『スタートライン臨床心理学』（共著，弘文堂），『シュレーバーと狼男——フロイト症例を再読する』（共訳，金剛出版）など。

■**翻訳分担者一覧**（50音順）

板橋　登子（成城墨岡クリニック支援センター　臨床心理士／6章，11章）

岡元　彩子（はじめに，4章，15章）

小西　　健（西新宿心理相談室　臨床心理士／10章）

篠原　道夫（7章，9章，原注）

鈴木　朋子（横浜国立大学教育人間科学部 准教授／1章，14章）

髙橋由利子（目白大学心理カウンセリングセンター　臨床心理士／5章，12章）

堀江　姿帆（西新宿臨床心理オフィス　臨床心理士／3章，8章）

三橋　由佳（成城メンタルクリニック　臨床心理士／2章，13章）

精神分析的心理療法を学ぶ
発達理論の観点から

2013 年 11 月 10 日　印刷
2013 年 11 月 20 日　発行

著　者 ……………………… ガートルード・ブランク
監訳者 ……………………… 馬場謙一
訳　者 ……………………… 篠原道夫・岡元彩子　他

発行者 ……………………… 立石正信
発行所 ……………………… 株式会社　金剛出版
　　　　　〒112-0005　東京都文京区水道 1-5-16
　　　　　電話 03-3815-6661　振替 00120-6-34848

印　刷 ……………………… 三報社印刷
製　本 ……………………… 誠製本

ISBN978-4-7724-1345-9　C3011　Printed in Japan ⓒ 2013

まんが　サイコセラピーのお話

物語：P・ペリー　絵：J・グラート　あとがき：A・サミュエルズ
鈴木　龍監訳／酒井祥子，清水めぐみ訳
Ｂ５変型判　155頁　定価（本体2,400円＋税）

　心理療法の過程をはじめから最後まで見る機会はほとんどないだろう。本書は，そのすべてをマンガで表現したわかりやすい入門書。会話だけでなく，心の中で思ったことが同時に表現されており，言語的レベルだけでなく，非言語的レベルで相互に影響し合っていくセラピストとクライエントの関係性が一目瞭然。心理療法ってどんな話をするの？　どのように進んでいくの？　という素朴な疑問をお持ちの人すべてに手に取っていただきたい一冊。

心理療法の見立てと介入をつなぐ工夫

乾　吉佑編
Ａ５判　224頁　定価（本体3,400円＋税）

　役立つ心理療法を行うためには，見立てとそれに基づく介入が必須なものとなる。しかしながら，見立てを行うためにまずどのような情報が必要で，それらをどのように組み入れながら事例を見立てていくのかというプロセスを理解することは簡単ではない。本書では11人のセラピストの「工夫」から，学派の違いを超えて，見立てと介入のプロセスを明らかにし，心理臨床の専門性の習得に貢献することを目指す。

エモーション・フォーカスト・セラピー入門

レスリー・Ｓ・グリーンバーグ著／岩壁　茂，伊藤正哉，細越寛樹監訳
Ａ５判　212頁　定価（本体3,400円＋税）

　感情は敵か？　味方か？　荒ぶる怒りの感情や震える恥の感情は，心や体を傷つける危機（crisis）ではなく，かつてない自分に変容する好機（chance）である。感情はいわば「自己の内なる他者」であり，自己を破壊するものにも自己を構成するものにもなりうる。EFT（エモーション・フォーカスト・セラピー）は，神経科学や基礎心理学の最新知見，「空の椅子の対話」「二つの椅子の対話」という技法，さまざまな心理療法の統合によって，この感情という未知の領域を踏み分けていき，感情調整を試みる。EFTの創始者レスリー・グリーンバーグによる感情体験のための臨床実践マニュアル。

精神分析的心理療法
実践家のための手引き
ナンシー・マックウィリアムズ著／狩野力八郎監訳／妙木浩之他訳
Ａ５判　384頁　定価（本体5,400円＋税）

　精神分析的心理療法の基礎的理論と技法を，特定の学派に偏することなく，精神分析で得られたさまざまな知見を通して，わかりやすく解説。患者と触れあうセラピストが知りたい基本的な事柄，セラピストとしての心構え，聴くこと・話すこと，困った場合の対処法，どのように転移や抵抗を解釈するか，ワーキングスルーをどう行うのか，終結をいつにするか，といった有用な知見を詳述した，このうえなく実践的な一冊。

方法としての治療構造論
精神分析的心理療法の実践
狩野力八郎著
Ａ５判　256頁　定価（本体3,800円＋税）

　本書は，治療構造論に基づいた精神分析的アプローチをパーソナリティ障害をはじめ，さまざまな疾患に応用させた著者の臨床研究を集大成したものである。パーソナリティ障害に有効な「Ａ-Ｔスプリット」についての実践的な論文が収録され，精神科医，臨床心理士の協働，治療的連携について，効果的なチームアプローチが具体的に提示され，精神分析的心理療法を学ぶための恰好の臨床書となっている。

ハインツ・コフート
その生涯と自己心理学
チャールズ・Ｂ・ストロジャー著／羽下大信，富樫公一，富樫真子訳
Ａ５判　580頁　定価（本体8,500円＋税）

　本書は，偉大な精神分析家ハインツ・コフートの生涯と，自己心理学の立場を確立するまでの彼の思索の道筋をたどる伝記である。コフートは欲動論の理論構造やその問題点を明らかにし，フロイトの理論の理解を助け，心理療法的実践がなぜ共感的でなければならないのか，なぜ分析家は患者がいつでも利用できるオープンな存在でなければならないのかを，理論的に明らかにしてくれる。惹かれると同時に嫌悪感も覚えるという，人間らしい多くの矛盾に満ちたコフートの存在を，確かに感じとることのできる一冊。

精神分析における境界侵犯
臨床家が守るべき一線
グレン・O・ギャバード，エヴァ・P・レスター著
北村婦美，北村隆人訳
A5判　292頁　定価（本体4,000円＋税）

　臨床家が越えてはならない一線を越えること、それを「境界侵犯」という。本書は、精神分析における「境界侵犯」の倫理的問題について、多面的理解を試みた著作の翻訳である。境界侵犯の事例が，豊富に紹介されており，精神分析的な治療者だけでなく，心理療法家や精神科医など人のこころに関わる臨床家に広く一読をおすすめしたい。

こころの性愛状態
ドナルド・メルツァー著／古賀靖彦，松木邦裕監訳
四六判　372頁　定価（本体4,800円＋税）

　フロイトのエロス論を継承する精神分析的性愛論。クラインとビオンを中継しながらフロイトの「性欲論三篇」を深化させ、人間の本質としての「性愛（sexuality）」に迫った、『精神分析過程』に次ぐドナルド・メルツァー第二主著。フロイトの名とともに精神分析創成期に懐胎された性欲動論・リビドー論を再解釈し、人間の発達過程における精神－性愛の強度を思考する、クライン派精神分析の極北。

トーキング・キュア
ライフステージの精神分析
デビット・テイラー編著／木部則雄監訳／長沼佐代子，浅沼由美子
A5判　400頁　定価（本体5,800円＋税）

　英国タビストック・クリニックのメンバーによって構成された英国BBC放送プログラム「精神分析の現代社会への寄与」をプロトタイプに，本書はトーキング・キュア（Talking cure）としての精神分析を多元的に展開し，ミクロとマクロの両面からライフステージとこころの発達の関係性を探索する。臨床知見から発して人類史的考察に至る精神分析の息長い射程が鮮やかに表現された，精神分析的人間学の成果。